「40歳の壁」を越える
人生戦略

一生「お金・つながり・健康」を維持できるキャリアデザイン

尾石 晴

ディスカヴァー
携書
255

はじめに　残りの人生も今の積み重ねでいい？

皆さんは「40歳」と聞いて、どんなイメージが浮かびますか？　子どもの頃は、すごく大人だと感じていた年齢でも、近づいてくると、あるいは実際になってみると「まだまだ、大人ではないな」と感じる人も多いのではないでしょうか。

私は40歳になってから、ふと思い出す光景があります。
自宅のリビングのソファで、うたた寝をしている母の姿です。当時、母は40歳。子育てをしながら働く母親（今でいうワーキングマザー）で、父の会社で事務員をしていました。
家族は、父母、私（10歳・小4）、弟（9歳・小3）の4人でした。

私の記憶にある、この頃の母はこんな感じです。

・夜、子どもが寝た後、ソファでテレビを見ながら寝落ちしていた（夜中にふと目が覚めてリビングへ行くと、テレビはついたまま。横の机にはマグカップに入ったコーヒーとスーパーのロールケーキが置いてあった）。
・何か資格を取りたいと言い出して、ケアマネジャーの資格を取得した。
・「中学受験をしたい」という私に対して消極的（弟のサッカーもあり、送迎が増える、勉強のフォローなどの負担が増えるため、尻込みしていた）。
・購入した新築マンションへ引っ越すにあたり、若い頃からの大量のレコードコレクションや着物を整理した（今でも「あのときの……」と未練あり）。
・事務員3人、父、営業さんという狭い世界が嫌なのか、よく愚痴を言っていた。

母は結婚に伴い、20代後半にそれまでのキャリアを失いました（当時の女性は結婚＝退職）。

子どもが幼稚園に入った頃に再就職したものの、就職先は夫の会社なので、人間関係が狭い。夫は多忙で、子育ても家事も自分に丸投げ。子どもはかわいいけれど、アラフォーになり、体力の衰えもあってか習い事の送迎がきつい。新聞も読みたいし、資格を生かして転職情報などを集めたいけれど、1日の終わりにそんな気力も体力も残っておらず、癒やしは寝る前のテレビ。

私は時々、リビングの扉から漏れる光に気づき、寝落ちしている母を起こしにいっていました。そのときに「子どもが寝たらやろうと思っていたことがあったのに、なんかやる気が出ない。お母さん、疲れているのかな」と言っていたのを思い出します。

40代になり、家族もいて、今さら大きな変化は起こせない。家事・育児・仕事をしていると、毎日があっという間に過ぎていく。でも、どこか不安で自分の人生の意味を問い直さずにはいられなくなる。

わかるわ、わかるよ、お母さん。「とりあえず何か行動しなきゃ」と、使う予定もない資格取得に動いてしまったんだよね。

はじめまして、こんにちは。私は尾石晴と申します。音声配信、文筆業、ヨガスタジオ経営をしていて、2022年からは大学院にも通っています。

私は昨年40歳になり、あの頃の母と同じ歳になりました。現在は、小4の息子と5歳の保育園児を育てながら、仕事もしながら、日々を走り抜けています。

幸い、当時の母親世代より、女性も仕事がしやすくなっているし、男性も家事育児に参加しやすくなりました。しかし、新卒で外資系企業に入社してから16年勤務し、仕事をしながら出産、育児、家事を必死でこなす毎日を送ってきた私が、**母と同じアラフォーになって実感したのは、40歳の母が感じていたであろう「えもいわれぬモヤモヤした気持ち」が、自分の中にもあるという事実でした。**

仕事では中堅どころとなり、家族もいて、今後の方向性も見えてきた。将来の不安は若い頃より圧倒的に少ないし、生活も順調。

しかし、ふと洗面所で鏡を見ると、そこには自分に問うてくるもう1人の自分がいるのです。

「残りの人生も今の積み重ねでいい？　満足している？」

私だけでなく、同世代の多くが、このモヤモヤ感を感じているように思います。

人生100年時代に突入し、職業人生の延長線上にあるものが視野に入ってきているからでしょう。男女問わず、職業人生の後半戦に差しかかるアラフォーで、「このままでいいのかな？」と迷う人が多い。

この本は、40歳前後で多くの人が感じるこの「モヤモヤ感」、つまり「40歳の壁」の正体を分解しながら、自分らしく生きるために「人生の後半戦をどうデザインしていくか？」を考えるためのものです。

すべてのアラフォーにとって、「40歳の壁」は大事な人生のターニングポイント。そのため、男女関係なく、自分に引き寄せて考えられるように気を配って書きました。

私自身も「40歳の壁」にぶつかり、試行錯誤の結果、会社を辞めて自分がやりたい仕事（＝自分業）で生きていくことにしましたが、その経験からお伝えできる具体的な施策も、できる限り盛り込みました。

とはいえ、「会社を辞めて自分の人生を生きろ！」という内容ではありません。私はたまたまキャリアを変える選択をしましたが、**大事なのは「主体的に」「どうやって」「人生**

の後半戦を生きるか」という点です。働き方はあくまで、要素の1つでしかありません。

この本を読むことで、「40歳の壁」にぶつかって感じる「モヤモヤ感」を、ネガティブではなく、ポジティブな変化のサインとして受け取り、何か1つ新たな行動を起こしていただけたら、著者としてうれしい限りです。

30歳過ぎたら、みんな同級生。お互い、いい感じに「壁」を越えていきましょう。

【目次】

第1章　「40歳の壁」の正体

第2章　40歳からの幸せをつくる「自分業」

第3章　「40歳の壁」を越える自分業の始め方（準備編）

第4章　「40歳の壁」を越える自分業の育て方（実践編）

第5章　「40歳の壁」試行錯誤とその先の変化

※本書は２０２２年に弊社より刊行された『「40歳の壁」をスルッと越える人生戦略』を改題し携書化しました。内容は刊行当時のものに一部加筆してあります。

第1章

—

「40歳の壁」の正体

みんな「四十にして惑う」

私は昨年、40歳になりました。孔子は「四十にして惑わず」なんて言っていましたが、皆さんはどうですか？　「いやいや、逆に40歳だからこそ、迷いまくりよ！」という方も多いのではないでしょうか。

アラフォーともなれば、働き始めて20年弱。時代の変化も激しいし、今までの自分の生き方や価値観がなんとなくしっくりこなくなってきている。キャリアだけでなく、ライフプラン（結婚する・しない、子どもを持つ・持たないなど）の方向性も定まってきて、新たな選択肢がなくなってくる年代です。

私の周りにも、40歳を過ぎ、人生の中間地点に差しかかった友人や仲間が増えてきました。彼らが「よし！　人生折り返し！」と、進むべき道を着実に歩むべく大人の決意を見せているかというと、そんなことはなく、むしろ「このままでいいのか。ぼんやりとした不安や迷いを感じる」と、戸惑っている人のほうが多い印象です。

30代後半から40代にかけては、職業人生の折返し地点です。今の積み重ねで残り20年を歩むのか、歩めるのかと不安になり、生き方や働き方を見直したり、転職をしたり、最近流行りのFIREを考えたりする人もいるのではないでしょうか。

中年期の危機「ミッドライフクライシス」

「ミッドライフクライシス」という言葉を聞いたことがありますか？　中年期特有の心理的危機、中高年が陥る鬱病や不安障害のことで、30代後半~50代にかけて陥りやすいといわれています。

人生の中盤まで来ると、周りの評価や社会の基準から、「自分はどれくらいのレベルなのか」がなんとなく見えてくる。「自分の人生、これでいいのかな……」と迷い始める時期です。

・このまま定年まで働き続けられるか不安になってきた（雇用不安）。

・ろくな経験や資格、職歴を持っていない気がする（スキル不足不安）。
・最近、筋力や体力の衰えを感じる（健康不安）。
・子どもが小学生になり、あと10年ほどしか一緒にいられないと思うと寂しい（子離れ不安）。
・白髪が目立つようになって、自分の容姿の衰えに萎える（老化不安）。

「はじめに」で触れた、私の母の姿に心当たりはありませんか？

キャリアの方向性を見失い、突然資格を取ってみたり、何かを変えたくなって思い切って物を整理してみたり。体力の衰えから、毎日の子どもの宿題の丸つけや忘れ物チェック、習い事の送迎がきつかったり、疲れを癒やすのはだらだらスマホだったり。

女性の場合は、仕事、家庭、子どもの年齢や人数、容姿の変化、老後の見通しなど、気になる要素が複雑に絡み合っています。それぞれに対応しようとすると、やることが多すぎるため、ジタバタしがちです。

男性の場合は、仕事では「このままだと、この辺りに着地しそうだな」と先が見えて行き詰まりを感じたり、体力の衰えから男性らしさを失う不安に駆られたりします。その結果、急に転職や起業をしたり、アウトドアに目覚めてキャンプ用品を一気にそろえたり、筋トレに励んだりしがちです。

この「中年の危機」は、心理学者エリクソンの「心理社会的発達理論」で説明することができます。「人生には何度か壁が出現する。それを越えることで、心理的に成長していく」という考え方です。

人は40歳くらいまでは、新しい感覚や知識を得ることを軸に発達していきます。この世に誕生後、身体も精神も成長していき、社会に出て、生き方を選び、自分の家族をつくり、愛を得て成長していく。だいたい40歳で成長のピークを迎えます。

それ以降は発達の流れが変わります（次ページ図1）。人生の終着点に向かった発達に変化し、次世代を担う人たちに、持っているものを渡し始めるのです。

「得る」から「減らす」へと変わる時期。今までとは、発達の潮目が変わる時期。

エリクソンはそこまで言及していませんが、私は、この潮目が変わり、これまでと違う感覚に戸惑う「ミッドライフクライシス」こそ、「40歳の壁」の正体だと考えています。

▼（図1）人間の心理的な成長の潮目は40歳で変わる。

発達段階	年齢	心理・社会的危機	導かれる要素
乳児期	0歳～1歳半	基本的信頼 vs 不信	希望
幼児期前期	1歳半～3歳	自律性 vs 恥・疑惑	意志
幼児期後期	3歳～6歳	自発性 vs 罪悪感	目的
学童期	6歳～13歳	勤勉性 vs 劣等感	有能感
青年期	13歳～22歳	アイデンティティの確立 vs 役割の混乱	忠誠
成人期	22歳～40歳	親密性 vs 孤独	愛
壮年期	40歳～65歳	生殖性 vs 停滞	世話
老年期	65歳～	自我の統合 vs 絶望	英知

（エリクソンの心理社会的発達理論より）

人生100年時代、誰もが壁にぶつかる

「人生100年時代」。最近あらゆるところでこの言葉を耳にしますね。

一昔前は「学業→仕事→老後→寿命」というライフモデルが一般的でした。現在の高齢者（私の両親世代）は、終身雇用制度の時代（解雇リスクがない）の人ですから、40歳でもぶっちゃけ残り20年をどうにか乗り切れば、退職金をもらって優雅な老後を過ごすことができました。

「40歳の壁」を感じてモヤモヤしたとしても、現状をキープしていれば、不利益を被ることも特になし。とりあえず、「このままでいいや」とやり過ごしていた人も多かったのではと思います。

ところが、私たちが生きているのは、人生100年時代です。65歳で定年しても、あと35年も生きる可能性があり、社会も「できるだけ長く働いてね！」という方向に変わってきています。

人生100年時代は、人生が長い分、多くの人がさまざまな壁にぶち当たります。

特に、中堅といわれるアラフォー世代は、まだ方向転換ができる年齢です。50歳なら「定年まで10年ちょっと。それなら、なんとかここでがんばる方法を考えよう……」となるかもしれませんが、40歳だと「あと20数年か……。仕事や住む場所を変えることもまだできる。どうする⁉　私⁉」と迷うこともできる。

それゆえ「壁」を見て見ぬフリをせず、受け止めて惑う人が多くいるのではないでしょうか。

「まだ、これからの道を選び直すことができるかも」という期待と、「選んで失敗すると積み上げてきたものが消えてしまうのでは」という不安が入り交じる分岐点。そこに立ちはだかるのが「40歳の壁」です。

多くの人が、その壁の前で右往左往していますが、ロールモデルのいない未知の世界なので、手探りで進むしかありません。

「40歳の壁」は早くぶつかるが勝ち

人生100年時代となれば、40歳でもここからあと60年くらい生きなければなりません。誰もがどこかでキャリアの転機を迎えます。

私は出産をしたことで、この転機の足音が30代から少しずつ聞こえてきました。そのときは、自分を会社に合わせていくことで乗り切れたのですが、子どもが2人になり、自分も少しずつ年を取り、本格的な転機は40歳直前に来たと感じています。

人によっては、30代で早めの転機を選択する人もいれば、40代後半で転機を迎える人もいると思います。ただ、共通していえるのが、**キャリアの転機のタイミングが65歳（定年）で来るより、アラフォー（「40歳の壁」にぶつかる時期）で来るほうが格段に良いということです。** 体力も知力もある40歳で気づけた人は、逆にラッキーなのではないかと思います。

「40歳の壁」は、本気で自分の人生を考え直すための「当事者意識」を与えてくれます。50代だと少し遅い（もっと前に一度ぶつかっていたよね!?）、20代ではまだ早い（社会の知見がまだ少なく、ライフイベントもこれから）。

「体力がある」「知力がある」「うまくいかなくてもやり直せる」、この3点がそろうのは「40歳±5歳」ではないでしょうか。

自分の不安・不満や、足りないところを見ずにやり過ごそうと思えば、いろいろな言い訳ができます。

「日々の生活が忙しいから」
「とりあえず生活はできているから」
「みんなやっていないから」

しかし、**そこで「40歳の壁」の存在に気づき、立ち止まったり、登ったり、すり抜けたりして、自分の価値観と対峙した人は強いものです。**

「壁」と真摯に向き合った経験や悩んだ過去は、必ず自分の身を助けてくれます。その後も「自分の人生をどうしたいのか」「キャリアをどうしたいのか」を自問自答し、情報をキャッチしながら、主体的に人生を生きられるはず。

周りを見渡すと、60代、70代で有意義な人生を送っている憧れの先輩たちは、みんなキャリアの転機から逃げなかった人です（40代で退職して移住した先輩、60代でも仕事をしている母、70代でヨガを楽しむ生徒さん）。

「40歳の壁」は、人生100年時代を生きる私たちが人生をシフトする（人生の方向や位置を変えていく）ベストなタイミングだと思えば、ちょっと勇気が湧いてきませんか？

早く気づけて良かった！

第二の職業人生をどう歩むか

アメリカの44歳から70歳までの3100万人以上が、個人的なやりがい、継続的な収入、社会的な影響力を兼ね備えた第二のキャリアを歩みたいと考えているそうです（『LIFE DESIGN スタンフォード式 最高の人生設計』ビル・バーネット、デイヴ・エヴァンス著、千葉敏生訳、早川書房刊より）。

人生100年時代の今は、誰もが必ず「40歳の壁」（もしくは壁もどき）にぶつかります。

そして、その「40歳の壁」と向かい合うとき、「第二の職業人生を考える」という課題も一緒についてきます。

なぜなら、「残りの人生」を考えたとき、24時間から睡眠や食事などの生活時間を除くと、仕事の時間はもっとも長いものだからです。40歳以降の自分がどうありたいかを考えるとき、職業の影響は大きいですよね。また、職業的自立は経済的自立につながるため、重要なファクターでもあります。

定年まで、この仕事で食べていけるのか？　定年を迎えた後はどうするのか？　同じ職種、職能だけでは限界や飽きも感じるし、定年後のためにせっせと貯金をしたり、保険に入ったりして、それらを切り崩しながら乗り切るのも心もとない。

これから来る自分の老いや衰えていく体力・気力と折り合うものでないと継続できないし、やりがいを持ち続けられるのか、働き続けたいと思えるのか、不安は尽きない。それらが今の仕事の延長線上にあるとは、とても思えない……。

アラフォーになって、私も「40歳の壁」を意識するようになり、第二の職業人生までを視野に入れ、自分の人生の「あり方」を考えることが増えていきました。

「40歳の壁」にぶつかるもう1つの理由

ケインズという有名な経済学者がいます。彼は、論文でこんなことを書いています。

将来、技術の発展によって、人のほしい物はすべてつくられ、人の仕事がなくなる時代が来る。しかし、社会システムによって、人間は長年仕事をするようにしつけられてきている。そのため、凡人ほど「暇な時間をどう使うか」に困るようになる。

これが書かれたのは、なんと1930年。「え！ 現代じゃないの!?」と思いませんでしたか？ ケインズがいうところの「人がすることがなくなる時代」がすでに到来しているように感じます。

さらに、ケインズは、この「人がすることがなくなる時代」を「2030年」としていました。皆さんはどう思いますか？ 2030年まで待たなくても、もうその予兆を感じませんか？

たとえば、スマホの代表であるiPhoneが発売されたとき、世界中の人がどよめきました。これまでの携帯電話と全然違う！　大きな革命でした。

その後、多くのメーカーがスマホ市場に参入して、毎年さまざまなスマホの新機種発表を繰り返しています。もはや「どこを改良したの？」と思っている人も少なくないのではないでしょうか。

日本の白物家電もそうですね。**多くのモノやコトも、0を1にする時代は、ほぼ終わりが来ている。こねくり回して、100を101にすることに労力が使われています。**

こういった現象を見るたびに、ケインズ先生（敬意を表して先生）に問われている気分になります。

・あなたは、その仕事にやりがいを感じているか？（入社当時はやりがいのある仕事だったとしても、今は惰性でやっていないか？）
・その仕事は、価値を生み出しているか？（社会的に意義のある仕事なのか？　わが社の製品で世の中が良くなるのか？　子どもに誇りを持って説明できる仕事なのか？）
・未来の自分のためになる仕事なのか？（社内調整スキルは抜群だけど、専門職でもない。

会社にいる分には問題ないけど……）

ちなみに、ケインズ先生は、「最終的に人は週15時間労働になる」「1つの仕事をみんなで分け合う時代が来る」とも述べています。

現在、多くの人が「40歳の壁」を感じてる理由は、「人生100年時代」だけではありません。もう1つの理由は、私たちの働き方に限界が来ているから、ともいえます。

あなたは、毎日時間を費やしている仕事に、やりがいや社会的意義を感じていますか？

コロナ禍にリモートワークになって、「別に会社に行かなくていいじゃん」「意外とやること少ないじゃん」と気づいた人はいませんか？　いるよね？　いる。なんとなくやってきたけど、実は手応えがないことにうっすら気づき始めている人、きっといるはずです。

ケインズ先生になったつもりで、自分に問うてみます。

・もし週に15時間しか働かないなら、今やっている仕事で何を残したいか？

・不要だと思っていること、減らしたいことは何か？
・自分のキャリアにつながる仕事ができているか？
・これからも1つの仕事で生きていくのか？
・どんな人生を生きていきたいのか？

立ち止まった「ここ」から、すでにあなたの変化は始まっています。人生の後半戦をどう過ごすのか？　ある程度の仕事スキルや武器を手に入れたアラフォーだからこそ、良い変化につなげたいですよね。

個人的には、**人生の後半戦こそ、主体的に幸せを感じることを追求してみる、やりがいを感じる仕事を選んでいくことが大切だと考えています。**そうすれば、ケインズ先生のいう「凡人」ではなくなり、充実した第二の職業人生を歩めるのかもしれません。

「40歳の壁」に潜む「子育ての壁」と「夫婦関係の壁」

ここからは、別の観点から「40歳の壁」を分解してみましょう。

人によっては、「40歳の壁」の中に「子育ての壁」と「夫婦関係の壁」も潜んでいて、問題が複雑化していることが多くあります。

・子育ての壁……子どもの成長タイミングに合わせて出現する壁。親のキャリアとどう折り合いをつけていくかが問題となる。子どもの性格など個体差もあり、人によって悩みの種類と濃淡が異なる。

・夫婦関係の壁……この壁への向き合い方に失敗すると、夫婦ともに「40歳の壁」が高くなり、後々まで引きずることになる。「子育ての壁」にどうタッグを組んで取り組めるかが問題になることも。

以降、それぞれの「壁」の正体と、相互作用について解説していきます。

「子育ての壁」――保育園児と小1の違い――

平均初婚年齢、出産年齢ともに30歳を超えている現代は、ちょうど40歳前後で2つの「子育ての壁」にぶち当たります。

・小1の壁……保育から学業への移行期。登下校を子どもが自分で行うようになる。夏休みなどの長期休みもあり、親のフォローが必要。
・小4の壁……学童の利用が終わる時期。学ぶ内容に抽象的な概念が増えて、難しくなり始める。反抗期も始まる。

第二子、第三子がいる家庭は、保活や子どものイヤイヤ期なども「子育ての壁」になり得ます。

経験上、保育園時代の子どもの「お世話」（食事、お風呂、寝かしつけなど）は、親でなくても問題ないことが多く、シッターさんに頼ったり、時間や手順を決めてルーチン化したりすることができていました。

しかし、**小学校の学業にまつわるフォローは、子どもがどこまでできているかを大人が継続的に観察する必要があり、外注やルーチン化が困難になってきます。**子どもが自分で宿題や持ち物の準備ができ、自宅の鍵の開け閉めができるようになる小学校3、4年生くらいまでの期間なのですが、意外と長いため「壁」と感じる人も多い。

・連絡帳に書いてある宿題や明日の持ち物（よく変わる）が入っているか確認する。
・ひとつひとつの宿題にサインをする。
・学業で遅れていそうな部分をチェックする。

やること自体は大したことがありませんが、毎日内容が変わるので、地味にしんどいものです。

帰宅後2時間という短い時間で、学童の準備、習い事の準備に学校の準備、下の子の保育園の準備までしていると、時々どこかに抜け漏れが発生します。
・宿題の丸つけをあとでやろうと思って忘れたまま提出（忘れ物扱い）。
・学童に行く日ではないのに学童に行かせてしまった。
・シッターさんの手配を失念していた（頼んだつもり）。

先輩ワーママからは「学年が上がるにつれて自分でやるようになるよ」「そのうち親の出番がなくなるよ」と言われるものの、楽になる日は一体いつ来るのか？

もちろん、子どもが小学生になっても、うまく仕事と両立している家庭も多くあります。しかし、当時の私はワンオペ育児&フルタイム勤務。がんばっているのに抜け道がどんどんなくなっていく……。**「小1の壁」と「40歳の壁」のダブルパンチ！**


「一番大きな原因は何か？」を分解してみたら、毎日8時間以上職場にいる必要があり、働き方が固定されていることだとわかりました。

さらに見えてきたのが「私が働き方を変えない」という前提で、すべてのスケジュールやキャリアプランを組んでいるから抜け道がない、という事実。

働き方を変えるタイミングなのかもしれない……。そう気づいたのは、長男が小1の冬でした。まさに「40歳の壁」に潜む「子育ての壁」にぶつかっていたのだと思います。

「夫婦関係の壁」――モラトリアムを意識する――

続いて、「夫婦関係の壁」について考えてみましょう。

「40歳の壁」にぶつかるのは、結婚してから10年前後。いろいろな悩みが小さな「石」となり、積み重なってできてくるのが「夫婦関係の壁」です。

小さな「石」とは、価値観のすれ違い、子育ての方針の違い、家事育児分担の不満、それらを解決せずに放置した違和感やズレなどです。

たとえば、冷蔵庫を買い換えたい妻と、それより車を買い換えたい夫で意見が分かれたとします。

妻「日常的に使う冷蔵庫が先でしょう」
夫「いや、家族の思い出につながる車がいいよ」

結局、どちらかが折れるものの、心の底では納得していない。似たようなエピソードは、どの夫婦にも山ほどあるはずです。

結婚生活におけるこういった些末なことを、繰り返しすり合わせて夫婦の絆を深めていくのが理想ですが、すり合わせられないまま「石」として足元に転がっていることもよくあります。そのまま踏み続けて砂になり、消えていくこともあれば、他の石とくっついて巨大化することもある。さらに厄介なのが、不満という名のセメントが流れ込んで岩盤化したり、自分を守る防波堤にするために自らが石を強固に固めてしまったりすることもあるということ。

各家庭によって石の種類、壁の高さや厚さも違いますが、アラフォーともなれば一緒に過ごした時間に比例して、石が積み重なって壁となり、存在感も増してきているはずです（次ページ図2）。

▼（図2）さまざまな壁が影響し合って「40歳の壁」は厚くなる。

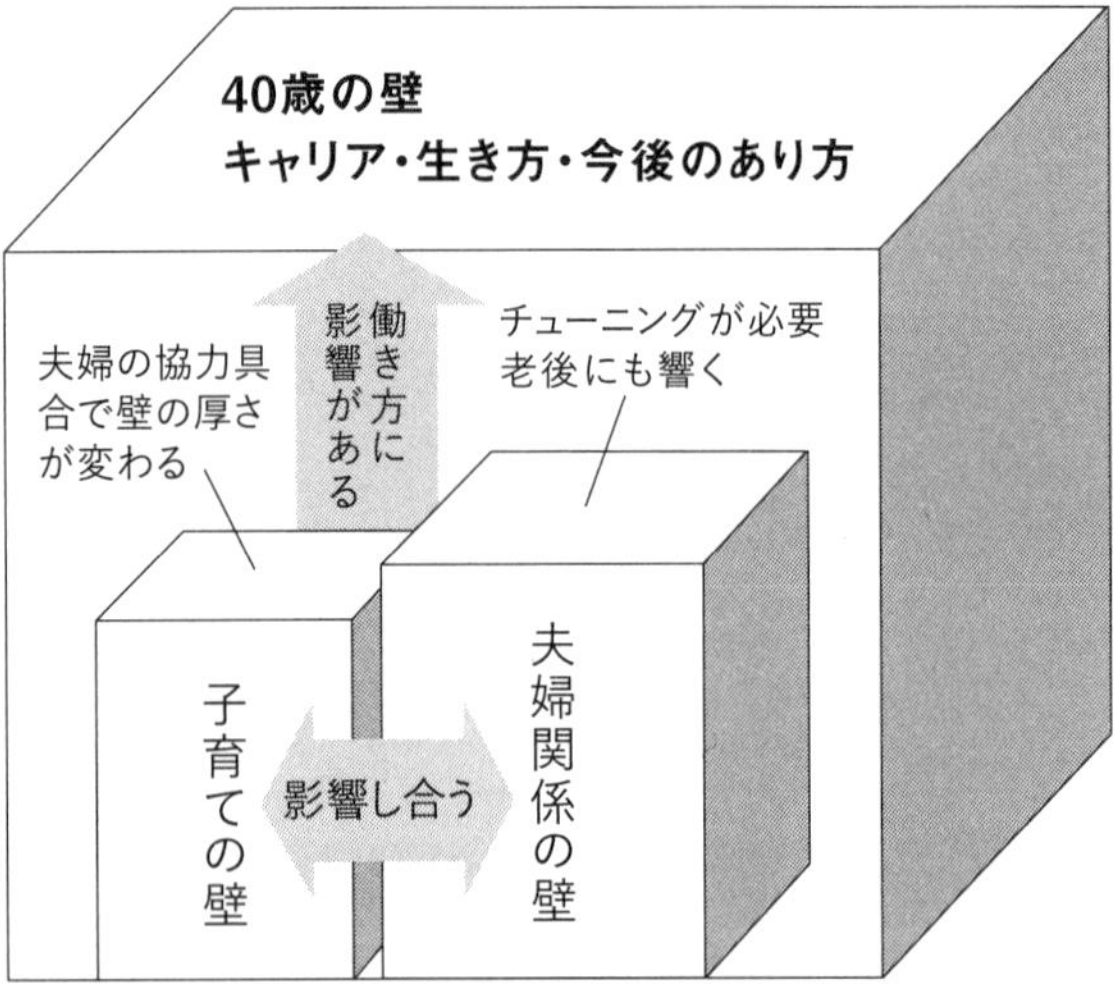

私の質問箱（匿名で質問をする&質問を受け取れるオンラインのサービス）には、日々いろいろな悩みが飛び込んできます。これまで1500件以上の質問に回答してきました。夫婦関係にまつわる悩みも多く寄せられます。価値観のすれ違い、家事育児分担の不満、子育ての方針の違い、セックスレス、自分のキャリアはどうなる問題……。わかるよ、わかる。私も結婚11年目。石を蹴飛ばしたり、積み上がった石の壁を乗り越えたりして、ここまでなんとかやってきたのです。

他人同士が夫婦になる。子どもが生まれて家族になる。そのたびに1人から2人、2人から3人、3人から4人の関係性へと移行し、十数年後にまた2人の関係性に戻る。関係性が変化すると、一時的に不安定になるし、不安にもなります。そのたびに、石は少しずつ積み上がっていく。

特に子どもがいる家庭は、石の発生確率が、夫婦2人の時期と比べて圧倒的に多いです。
出産や育児など、夫婦ともにはじめての出来事も多いし、乗り越え方も「これでいいのかな」と手探り。

前述の「子育ての壁」を、手を取り合って一緒に乗り越えてきた夫婦と、当事者意識が大きくずれていた夫婦では、壁の厚さは確実に違いますよね。

夫婦で、石の発生にどう対峙したかは、その後の夫婦関係にも大きく響いてきます（実際、60歳前後の方からのお悩みも質問箱に飛び込んでくる）。日々細かなメンテナンスをして、壁になる前に石を取り除いておくことが大事です。

理想は、「緊急でない重要なこと」にちゃんと夫婦で向き合うこと。具体的には、理想の夫婦像、家族のミッション・ビジョン・バリューの作成に取り組むこと。特にお互いの理想の夫婦像を知っておくと、今後の方向性が見えてきていいですよね。

しかし、「40歳の壁」にぶつかる年代は、「緊急だが重要ではないこと」（掃除・洗濯・買い物・料理・家計・育児・介護・健康管理・親族間の交流など、毎日の細かなタスク）が多すぎる時期です（次ページ図3）。

これらをこなしながら、「緊急で重要なこと」（子どもの病気対応や家族のスケジュール

▼（図3）理想は「緊急ではないけれど重要なこと」に夫婦で向き合うこと。

	緊急である	緊急でない
重要である	子どもの病気 仕事の突発案件 家族の一大事 （事故やトラブルなど）	理想の夫婦像 家族のミッション・ビジョン・バリュー
重要でない	掃除・洗濯・買い物・料理・家計・育児・介護・健康管理 （毎日のこと。1回くらい飛んでも困らない）	できないときは 情報収集期間 （モラトリアム） と考える

調整など）まで対応していたら、「緊急ではないが重要なこと」（理想の夫婦像、家族のミッション・ビジョン・バリュー作成など）は、ついつい後回しになりがち。じゃあ、そんな夫婦は終わっているのか？といったら、そうでもないはず。

仕事、子育て、日々の生活に追われ、オムツを替えながら、宿題を見ながら、生ゴミを捨てる生活を送りながら、現在進行形で「緊急でない重要なこと」を「今」考えて話すのがつらいのよ。それが「夫婦関係の壁」を巨大化させないために重要だとわかっていたとしても、できない。そんな夫婦も多いと思います。

それなら**「今」は、石を細かく取り除き「夫婦関係の壁」の巨大化を防ぎながら、夫婦関係の方向性を見つけるための情報収集期間（モラトリアム）にしたらいいのではないでしょうか。**

「こんな夫婦でありたい」と、記念日にワインでも飲みながら夫婦で話せたらいいけれど、家事・育児・仕事に翻弄されていて、そんな余裕なんてない。「日々の生活に追われていて、子どものこと以外話すことなんて特にない。2人で何話そう？」と思っている夫婦もたくさんいますよね。そんな時期は、お互いの情報を収集する「モラトリアム」だと考えればいいのです。

【夫婦のモラトリアム的過ごし方】

・石は言葉にしてみる（違和感やズレは、とりあえず書いて外に出す、ためない）。
・時々石を取り除く（夫婦で移動中や週末に一番気になっていることを話してみる、LINEで伝えてみる）。
・壁を巨大化させないための情報収集をする（例：お互いの両親の好きなところ、嫌いなところを紹介し合う。お互いの理想の夫婦像がよくわかる）。

「子どもが巣立った後、どんな夫婦でいたいのか」を、今はストレートに話せなくてもいい。だって、モラトリアムだから。

なるべく壁を巨大化させない、石を増やさないことに目を向ける。とりあえずそこに集中すればいいと考えると、少し気が楽になりませんか？

第2章

40歳からの幸せをつくる「自分業」

幸せな人生の土台となる3つの要素

私は子どもが2人いるワーママですが、会社員時代、出産を機に、時間が急激になくなりました。もちろん、24時間が消えたわけではなく、これまで自分の采配で好きにできていた時間に「子どものお世話」という大きな塊が入り、自分の時間がほとんどなくなりました。家事・育児・仕事の繰り返しだけで、あっという間に過ぎていく日々。子どもはかわいいし、幸せなはずなのに、あれ？　なんで私はこんなに疲れているのだろう？　今思えば、あれは「40歳の壁」の序幕だったのです。

・「趣味や習い事＝幸せ」でも、その人間関係だけでは物足りない。
・「お金をたくさん持つ＝幸せ」ではない。
・「仕事＝幸せ」だと、定年で終わりが来る。
・「子育て＝幸せ」でも、いつか子どもは巣立つ。

・「家でのんびり＝幸せ」だと、運動不足で逆に健康を損なう可能性大。

「自分にとっての幸せは何か？」を考えていくと、要素は1つではない。さまざまな要素が重なるところを探すことが大事だと、「40歳の壁」を前にして気づきました。

20代は、仕事や友人が中心（お金はない、健康については考えたこともない）、30代からは仕事と家族だけ（とにかく時間がない）、40代からはすべてが重なるところを見つけられるくらい、自分の視野も思考も成長してきている（はず）。

では、40歳以降の幸せな人生の方向性は、一体どうしたら見つかるのか。自分にとって大切なことが重なり、誰かの正解ではなく、自分にとっての正解となる「あり方」とは何か。

まず、「幸せな人生には、どんな要素が必要か？」を分解してみたら、次の3つの要素が見えてきました。

・お金（収入・資産）

・つながり（家族・友人・知人）
・健康（体力・認知力）

「お金」「つながり」「健康」の3つの要素は、人間が幸せを感じる土台ともいえます。土台がないと家は建たない。強い風が吹いたり、大雨（人生あるある）が降ったりすると、すぐにグラグラしてしまう。それでは困るので、ここからは、この3つの要素について、さらに深掘りして考えていきましょう。

① お金

お金は、資本主義社会において、あなたの行動の選択を「自由」にするためのチケットです。

・上司と合わない → お金がある → 会社を辞める自由
・子どもに習い事をさせたい → お金がある → 好きな教育を選べる自由

・パートナーと性格が合わない↓お金がある↓離婚できる自由
・おもしろそうな旅先を見つけた↓お金がある↓旅行できる自由

多くの人は、金銭的な不安から解放されて、自由な人生を歩むために「お金がほしい」と思っています。つまり、**本当はお金がほしいのではなく、自由な選択ができる状態がほしいということです。**

自由な選択ができれば、好きなように生きていける。私たちは、自分の時間や能力（人的資本）を労働力として提供することで、お金を得ています。しかし、労働力だけでお金を得ている場合、定年や加齢によって、入ってくるお金はいつかなくなってしまいます。

ということは、**労働力だけで得ている「お金」はいつか消えると考えて、お金と向き合う必要があるのです。**

両親世代の多くは、貯金＋退職金＋年金で生活をしのいでいます。彼らが働き盛りだった当時、日本は高度経済成長に伴って貯金の金利が高く、1つの企業に40年も勤めていれば、それなりの額の退職金をもらえました。加えて、年金も自分が払った以上の金額をもらえます。

しかし、私たちアラフォー世代は、そうはならないことが目に見えています。人生100年時代で寿命は伸びているし、年金も払った以上にもらえることはなさそうです。転職が当たり前になり、同じ企業に40年間勤める人も減っていて、退職金も期待できません。では、どうするか?

・生涯現役で働く。
・お金が入る仕組みを持つ。

40歳以降は、この2つの方法でお金が入る経路をつくることを考えていきます。

まず、生涯現役で働くためには何をするといいのでしょうか? あなたが提供できる能力やスキルは何でしょうか?

たとえば、公民館で何かを教えている70代女性。現役の頃から培ってきたキャリアや趣味に関することを教えて、生徒20人から毎月3000円月謝をもらうと、月6万円になります。場所代を払っても、5万円は残るでしょう。年金＋毎月5万円（年間60万円）の収入経路です。細くても定期収入があるというのは、精神衛生上とても大事。このあたりは、第4章でさらに詳しく解説していきます。

次に、お金が入る仕組みを持つことについて。これは、自分の労働力に頼らないで、お金が入る仕組みをつくるということです。

「投資信託を買って配当を増やしていく」という小さなものから、ビジネスオーナーになり、「人に労働を任せて、収益が入る仕組みを持つ」という大きなものまであります。経営者（自分も働くことになる）ではなく、自分が寝ていてもお金が入る仕組みをつくるということです。難しそうですが、個人でもできます。たとえば、インスタ（Instagram）やブログのアフィリエイト（広告）で収入を得る、noteで文章を販売する、というのもこの仕組みを利用したものです。

お金が入る仕組みは、「こうすれば必ずうまくいく」という正解はありません。なぜなら、変数が100くらい（投資額、適性度、期間、市況、本人の資質……）あるからです。自分にとって当てやすい金脈を探すしかありません。

・小さく始めてみる。
・うまくいくなら続ける。
・うまくいかないなら改善してみる。

これを繰り返すのです。チャップリンが映画「ライムライト」で残した名セリフがあります。

「人生は、恐れなければとても素晴らしい。勇気と、想像力、そしていくばくかのお金があればいい」

意訳して「夢と勇気とサムマネー」という言葉でも知られています（以前対談した竹中平蔵さんに教えてもらいました）。ビックマネーじゃなくていい、でもノーマネーはつらい。私が提案したいのはこの「サムマネー」をどうやってつくるかを考えることです。私の試行錯誤は第5章に書きましたので、参考にしてみてください。

②　つながり

『幸福の資本論』（橘玲著、ダイヤモンド社刊）という本に、**つながりとは社会資本（家族や友人を含む人間関係）であり、幸福を考えるうえで一番重要であるといったことが書**いてあります。その理由は、「人間は共同体（職場や家族など所属するところ）の仲間から評価されたときに幸福感を感じる生き物だから」とも解説されています。

ハーバード大学教授のロバート・ウォールディンガーが、1938年から80年続いたハーバード成人発達研究の成果をTEDトークで公表しています（「What makes a good life? Lessons from the Longest Study on Happiness〈人生を幸せにするのは何？　もっとも長期にわたる幸福の研究から〉」）。

「良い人生の決定要素は何か？」をテーマに724人の人生を75年間にわたって追跡調査したところ、重要項目は、「お金」でも「名声」でもなく、「良い人間関係」という結果だったそうです。

私たちは、いくらたくさんお金を持っていても、死んだら使えないし、身体は老いとともに朽ち果てていく。最終的に残るのは、「幸せだったなぁ」という思い出です。思い出は、一体何から生まれるのか？　良い人間関係です。家族と笑い合った日常や、友人たちとの楽しい雑談……。つながりは人を幸せにするのです。

「良い人間関係」といっても、優秀な人、地位の高い人とのつながりなど、大げさなものを指しているわけではありません。一緒にいてストレスを感じない人、気が合う人とのゆるく長く続く関係のことです。具体的には、家族やジム仲間、趣味仲間とのつながりなど。

また、つながりは多いほうがいいというわけでもありません。関わる人が多すぎると、人間関係のストレスや、コミュニケーションコストがかかります。

進化人類学教授のロビン・ダンバーは、人間がスムーズで、かつ安定的な社会関係を維持できる上限人数は、30～150人（ダンバー数）だと報告しています。イメージとしては1クラス～1学年5クラスくらいまでといった感じでしょうか。30人くらいの人との「何かあれば集まる」「困ったら相談できる」「雑談が弾む」くらいのゆるく細いつながりが、幸福度を高めてくれます。

皆さんは、そんな人間関係を築けていますか？　人間、年齢を重ねていくと、限られた場所にいて、限られた人に囲まれるため、新たな関係をつくるのが難しくなってきます。積極的にさまざまなところに出向いていき、人間関係をつくっていける人は別ですが、多くの人は、固定化された人間関係に落ち着いてしまうんですよね。

頭の中に、すぐに連絡が取れる10人を思い浮かべてみてください。**ここ数年で知り合った人が2人以下という人は、人間関係が固定化されやすいタイプ。年を取ると、減ることはあっても、増えにくい可能性大です。そんな人は、いろいろな人に会う機会を意識的につくることが大切です。**

③　健康

健康とは何か？　皆さんはどんな状態をイメージしますか？

WHO憲章では、「健康とは、肉体的、精神的及び社会的に完全に良好な状態であり、単に疾病又は病弱の存在しないことではない」と定義されています。

・カラダ元気
・ココロ（アタマ）元気

健康とは、この2つを満たしているということです。カラダは元気だけど、アタマが認知症の高齢者は「健康」ではないし、アタマは使えても不摂生がたたってカラダがボロボロの会社員も「健康」ではありません。

カラダの健康とココロ（アタマ）の健康を、その人らしく両立していることが大事。健康は、人的資本（自分が持っていてお金に替えられるもの）に含まれます。

人的資本は、ほかにもその人の持っている時間、体力、能力も含みます。①お金の項目でも触れましたが、多くの人は人的資本を労働力として提供して働いています。若い人が重宝されるのは、カラダもアタマも元気で、労働力があるからです。

健康は目に見えないので、気づかないうちに摩耗していることがあります。働きすぎてカラダを壊してしまったり、ココロを病んでしまったり。しかし、自分にとってちょうどいい仕事であれば、むしろ健康を保つのに大きな役割を果たします。

・毎日決まった時間に起きる。
・定期的に食事を取る。
・（通勤があれば）歩く、動く。
・仕事関係の人と話すことで刺激がある。
・思考力を使って考える。

一度ＦＩＲＥやアーリーリタイアしたものの、結局復職してしまう人に多いのが、「生活が自由気まますぎて、身体を壊した」というパターンです。人間は本来怠け者なので、明確な目的を持って引退しないと、生活が乱れてしまいます。

仕事をしていないので生活リズムが崩れる、動かない、好きなだけ食べる、人と話さない、考えることがない（恐ろしい！）。いくらお金の心配がなくても、不健康（死）に向かって歩いているようなものです。

仕事を持っていれば、それだけで「規律正しく生活する」という強制力を私たちにもたらしてくれます。会社員の場合は、65歳で定年が来てしまうと、この強制力が働かなくなります。そのため、「定年後も仕事を継続するには？」を考えて、準備しておくことが大事です。

もちろん仕事以外の趣味や習い事でも同じことがいえます。**決まった時間に出かける、人と会う、思考力を使うことをルーチンとして日々に組み込んでおくことは、40歳以降の人生を幸せに生きるために大切です。**

「定年を迎えない人生」を送るには

「お金」「つながり」「健康」について細かく検証してきましたが、この3つの要素をすべて満たすためには、具体的に何をすればいいのか？　これが40歳以降の人生の方向性を考える際に重要になってきます。

40代ともなれば、人生の時間もだんだん少なくなってくる。あれやこれやと楽しみながらできる10代と20代とも違う（「自分を探してきます！」が許されるのは30歳まで）。いろいろと迷う時間もなく、大きなリスクも取れない。逆に、すぐに結果を出さなくていいので（大学生のように4年で卒業、就職といったタイムリミットもない）、日々の歩みを徐々にシフトして、10年単位で人生が変化していく方向へ舵を切れたらいい。

こう考えてみると、「お金」「つながり」「健康」の3つの要素を満たせることが、だんだんと見えてきます。皆さんも見えてきましたか？

それでは、私たちが今後も継続できて、長期スパンで人生に関わり、お金、つながり、健康を維持できることは何でしょうか？

そう！　仕事です。**仕事をやめず、生涯現役で働くことを視野に入れるのです。**

仕事をしていれば、お金が報酬としてついてきます。仕事をしていれば、老若男女いろいろな人とのつながりができます。仕事をしていれば、話す、歩く、動くといった身体を動かす機会が持てるし、決まった時間に起きるなど生活にリズムが生まれるので、健康維持にもつながります（図４）。仕事をしているだけで、すべてが連鎖的についてくる！お得！

ちなみに、**ここでいう「仕事をやめない」とは、「会社を辞めない」という意味ではありません。会社員の看板を外しても継続して仕事ができるように、40代から少しずつ行動をしていくのです。「定年を迎えない人生」をキャリアとして描く。**

現在、フリーランスで仕事をしている方も、現在の仕事は「生涯現役でいられるか？」まで考えられた設計になっていますか？　ひとりブラック企業になっていませんか？

▼（図4）仕事をしていれば、それだけでお金・つながり・健康の3つの要素をカバーできる。

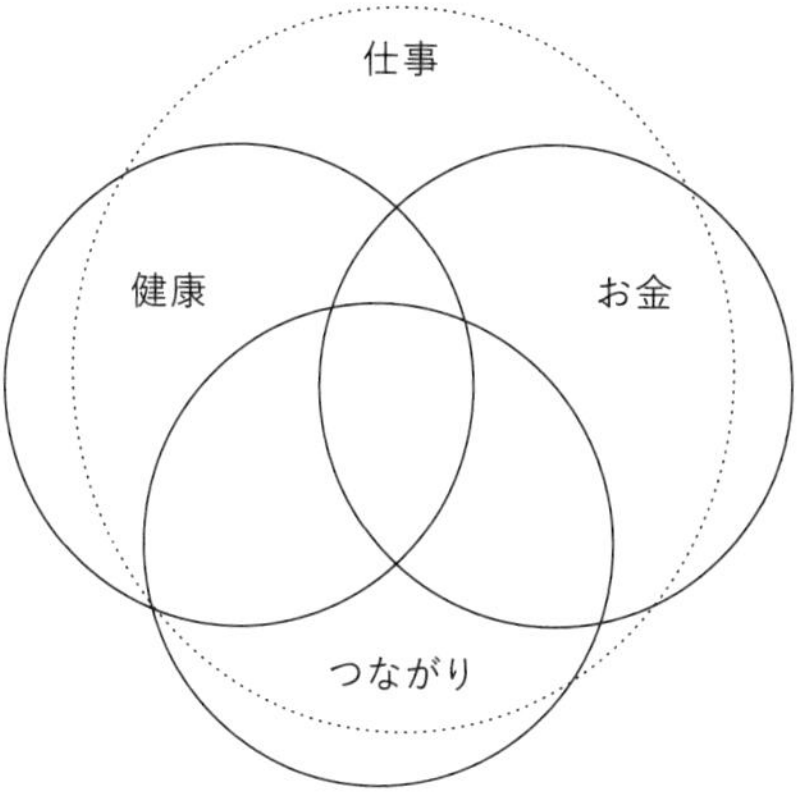

「今の働き方だと、ずっとは無理かも……」と思っているなら、少しずつやり方を変えていく必要があるのです。

40代からは自分でキャリアをデザインする

そもそも、キャリアとは「時間的持続性ないしは継続性を持った概念」として定義されています（厚生労働省より）。言い換えるなら、「自分の状態に合わせてデザインしていくもの」です。仕事名や職種名、ましては役職などではないのです。

自分でデザインするのであれば、ライフイベントや生活スタイルに合わせて、仕事そのものをダウンサイジングしたり、ときには新たな分野にチャレンジしたりしながら、人生にフィットさせていくことが可能です。**アラフォーからのキャリアは、仕事に合わせて人生を変えるのではなく（望まない転勤や単身赴任など）、人生に合わせて仕事をデザインする（転勤したくないなら、その準備をしておく）。これが大事です。**

仕事をやめない人生を設計する

①お金
②つながり
③健康

この3つの要素が重なるところはどこかを知ると、自分の仕事に対する見方が変わってきます。ここで皆さんの持っている①お金、②つながり、③健康を、一度棚卸ししてみましょう。書き出すことで、増えてきているもの、全然ないもの、今後増やしていきたいものなどが見えてきます。

次ページにあるワーク①**「マイキャリア3つの要素棚卸しシート」**に、あなたの今の①お金、②つながり、③健康について書き込んでみてください（このワークシートはダウンロードすることができます。詳しくは253ページをご参照ください）。

▼ ワーク①　マイキャリア3つの要素棚卸しシート

お金（収入・資産など）		
	何を	どのくらい
例	本業	35万円/月　経理（簿記1級所持）
	副業	3万円/月　趣味のロードバイクの部品販売
	日本株	200万円（リーマンショック後に買ったまま）
	投資信託	150万円（毎月3万円積立）
	自宅	売却したら2000万円（ローン残1200万円）
自分		

つながり（家族・友人・知人など）		
	何を	どのくらい
例	習い事	2人（サイクリング仲間、10年来の付き合い）
	家族	6人（父母と家族）
	職場	2人（同期、会社を辞めても付き合うと思う）
	高校時代	4人（20年来の仲。いつでも集合できる）
	オンラインの友人	2人（コミュニティ参加からリアルでも会うように
自分		

健康（体力・認知力など。心の健康まで含む）		
	何を	どのくらい
例	生活リズムにつながること	出社があるので起床時間は6時。
	体力維持につながること	睡眠は6時間前後、食事は社食で栄養バランス良
	ストレスにつながること	上司と合わない。
	運動につながること	自転車通勤で毎日45分間運動をしている。

40歳から「自分業」を始めてみる

では、クイズです。「お金」「つながり」「健康」の中で、40歳以降、どんな人でも確実に減っていくものはなんだと思いますか？　チッチッチッ……（時計ね）。

はい、正解は「健康」（人的資本）です（次ページ図5）。

健康は、若い人が一番持っていて、加齢に伴って誰もが失っていきます。フルマラソンで4時間を切ろうが、ベンチプレスで100kgを上げようが、40歳は20歳の健康に勝てません。細胞レベルで無理な話です。

ただし、加齢に伴い、金融資産は増えていくケースが多いので、お金は増えていく可能性が高いです。つながりについては、年齢の影響は特になし。ただし、ちゃんと人間関係のメンテナンス（家族や友人との関係維持、新しい出会いなど）をしていかないと、失わ

▼（図5）年齢とともに、「健康」は減っていく。

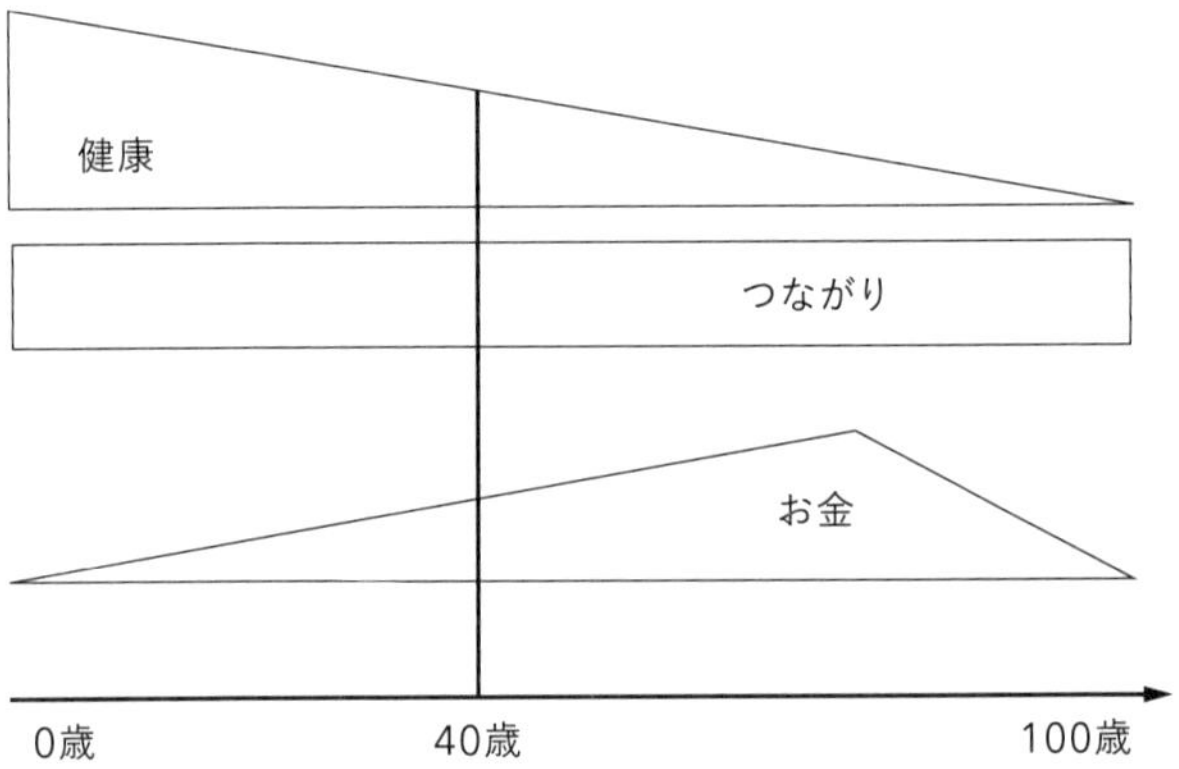

れる可能性が高いです。

40歳からは、健康は減っていくこと、つながりはメンテナンスが必要であること、この2つを常に意識していくことが大事です。

では、どうやってこの2つを意識していくのか。一番簡単な方法があります。この2つをカバーしつつ、お金も増やしてくれる方法です。

それは、健康を維持し、つながりを満たし、お金をもらえる仕事を持つことです。

「お金」「つながり」「健康」の3つの要素を満たすことができ、かつやりがいを持って取り組める「仕事」のことを、この本では「自分業」と呼びます。

【自分業の定義】

・お金・つながり・健康の3つの要素を満たす仕事。

・やりがいが持てる仕事。

・自分が裁量権（コントロール権）を持てる仕事。

なぜ裁量権を持つことが大事かというと、誰かの決めたルール・時間・賃金で働いていると、3つの要素（お金・つながり・健康）を満たすことが難しいからです。特に「健康」に響いてきます。

時間や仕事の内容の調整ができれば、規則正しい生活（生活リズム、運動習慣）を維持できますが、裁量権を持てないと、なし崩し的に身体の健康が損なわれます。皆さんも仕事が忙しいと、食事が適当になったり、睡眠不足になったりした経験がありますよね？

また、裁量権が持てないとストレスがどんどんたまって、心の健康を損ないます。どんな仕事でもストレスは多かれ少なかれ存在します（ゼロはない）。しかし、ストレスをためすぎず、良い塩梅にするには、自分が裁量権を持って調整するしかありません。うまく扱えば、ストレスを良い緊張に変えて、仕事のパフォーマンスを上げることもできます。

会社員で、本業が「自分業」になっている人もいます（例：会社の経営層に近い立場で、会社の成長と自己の成長が重なっている人）。もし、現状の仕事（本業）が、自分業にな

▼（図6）本業のみ、または副業・複業との組み合わせで
「自分業」にする。

自分業とは
・お金・つながり・健康の３つの要素を満たす仕事
・やりがいが持てる仕事
・自分が裁量権（コントロール権）を持てる仕事

本業	メインとする職業。主要な仕事・収入源。
副業	本業をメインとした場合、サブに当たる仕事（例：本業＝会社員、副業＝ライターなど）。
複業	複数の仕事を持っている状態。メインかサブかは問わない（例：仕事１＝カフェ店員、仕事２＝コンビニ店員）。

っていないなら、

・本業を自分業にするべく、試行錯誤する。
・副業や複業と組み合わせて、トータルで自分業にする。

という視点を持って取り組んでみます。

自分業と副業、複業の違いは、前ページの図6にまとめました（自分業を始めるにあたっての準備、具体的な方法は第3章、4章で詳しく解説しています）。

「自分業？　そんなの無理！」と思った方は、ちょっと待って！

まず、あなたが今までやってきた仕事は、この項目を満たすのか？を、次のワーク② **「マイキャリア重ね合わせ発見シート」** でチェックしてみましょう。

自分がこれまでにやってきた仕事を書き出して、「お金」「つながり」「健康」を満たしていたのか？を振り返ってみるのです。どんな仕事でも構いません。アルバイトも可能（このワークシートもダウンロードできます。詳しくは253ページをご参照ください）。

▼ ワーク②　マイキャリア重ね合わせ発見シート

	仕事	いつ	お金	つながり	健康	気づき
例	営業事務	2010～2014年	△	×	○	給与は少ないけど、早く帰れるので時間があってピラティスに通っていた
	副業：メルカリ	2021年	△	△	×	不用品がお金になってうれしい、購入者とのやり取りが楽しい
自分						

私は会社員時代、このワークシートで自分の仕事をチェックしたときに、本業1本では、「つながり」「健康」が弱いことに気づきました。

①お金（○）……基本給が高いので、ある程度はある。
②つながり（×）……転勤が多いので、人間関係がぶつ切れ（16年で5回異動）。
③健康（×）……長時間労働のため、運動する機会が少なく、出張も多くて食事もいい加減になりがち。

バランスが良いとは言い難いですね。そこで、私は2人目出産後から、1日1時間程度の副業（ブログ運営や、書籍の紹介などから）を始めました。すると、このように変化しました。

①お金（○）……副業によって毎月プラス数万円になった。
②つながり（○）……社外の人、いろいろな仕事をしている人たちとのつながりができた。

③健康（×）……本業＋副業に家事・育児をしていると、平日は時間が取れず運動ゼロのまま（涙）。

そこから2年ほど、本業＋副業を試行錯誤して、結果的に働き方を変えました。私の場合は、副業を自分業にして、今はその1つとしてヨガを教えています（「お金」「つながり」「健康」がそろう、ビンゴ！）。

私の例はあくまで一例ですが、**こうやって○△×をつけるだけで、今後、自分がどこを強化する必要があるのか気づくことができます。**

そして、気づいたらやることは、いきなり本業をやめるとか、転職するとか、大それたことではありません。**「お金」「つながり」「健康」の3つが重なるところに「仕事の種」をまくための、小さな試行錯誤をしてみることです。**

過去にやってきた仕事や副業を書いてみて、どういった仕事を組み合わせたらかないそうか考えてみてください。1つの仕事ですべて満たすのが難しい場合は、仕事をいくつか持てばいいのです。

もう1つ仕事を持つことのメリット

本業以外に「自分業」を持つと、2つの効果があります。

1つ目は人生のリスクヘッジになる点です。私が2人の子持ちワーママになったときに一番不安だったのは、子どもが病気や不登校になって私が会社を辞めることになったら、収入経路を失うことでした。

しかし、もう1つ別の仕事を持っていれば、本業がなくなっても、そちらからの収入を育てることもできます。会社を辞めてから始めると、収入が増えるまで時間がかかりますが、本業と並行してスタートしていれば、助走期間は本業の収入がカバーしてくれます。

2つ目は、将来への種まきになる点です。40代から仕事の種まきをすれば、50代、60代で花が咲くこともあります。今はたいしたお金にならなくても、経験が増えるし、知恵もついていきます。

自分業チャレンジの1つ目で100%成功する人はいません。私もブログ、アフィリエイト……といろいろ試しましたが、向いていないことがわかりました。
でも、その経験は決して無駄ではありませんでした。そのときに試行錯誤したこと、新たな人間関係ができたこと、うまくいかずやめたことなど、いろいろな経験や知恵が、今の仕事に生きているからです。

本業がある人が、仕事をもう1つする場合、今とまったく別の仕事を1からつくるのは大変です（次ページ図7）。
サークルをもう1つつくることをイメージしていると難しい！　時間がない40代には無理！と思いますよね。そうではなく、今やっている仕事や、もともと自分の持っている3つの要素の延長線上に、複数のサークルを重ねていく（多層化）イメージです。次ページの図8のような感じです。

たとえば、私は「文章を書く」ことも仕事の1つになっていますが、その下地となるいくつかの要素があります。本業で書類を書くことが多かったこと、毎年300冊くらい本を読んでいたこと、ブログを書いていたことなどです。

▼（図7）本業とまったく違う自分業をつくるのは難しい。

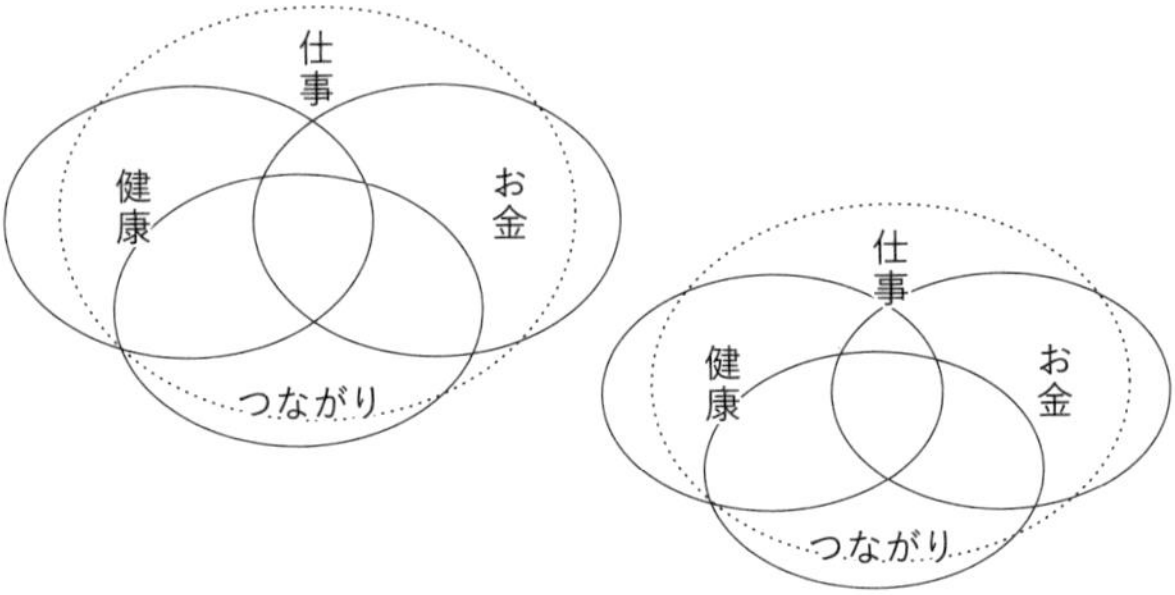

▼（図8）今の仕事の延長線上に自分業を重ねていく。

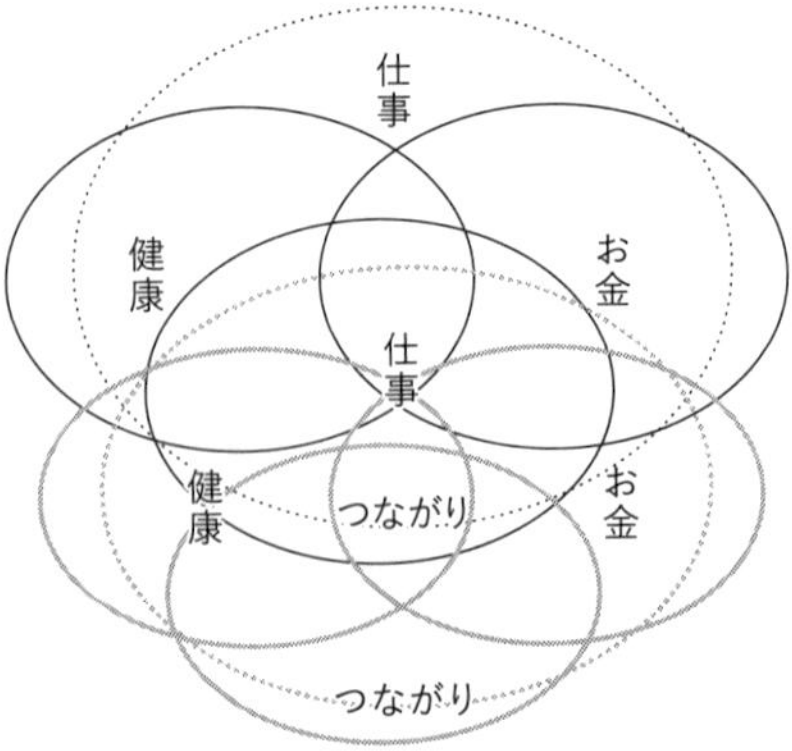

下地もないのに、いきなり「文章を書いてお金をもらおう！」と思っても難しい。私が「明日からケーキ屋さんをやろう！」と思ってもうまくいかないのと同じです（ケーキにつながる知識・経験などがない）。

皆さんも現在やっていることの延長線上に、仕事の種になることがあるはずです。それを「これかな？　どうかな？」と、少しずつ種まきして育てていくことが、もう1つの収入経路を増やすことにもなるし、ひいては、それが人生の大きなリスクヘッジになるのです。

あなたの仕事は今、3つの円が重なっていますか？　40代からは、「お金」「つながり」「健康」が重なる自分業をデザインしてみてください。

自分業の種まきはすぐに始められる

「たしかに、〝自分業〟は良さそうだ。今後、自分もそういったキャリアの方向へ進みたい」と感じたそこのあなた。今後のキャリアとして、「お金」「つながり」「健康」のどれを強化していきたいのか、何となく分かってはいるけれど、「どうやって自分の種まきをしていけばいいのか。やみくもにやってもうまくいかないのでは？」と思っている方も多いのではないでしょうか。私も同じだったので、その気持ちはよく分かります。そこで、今やっている仕事の延長線を掘り下げ、「自分業」の種まきにつながるヒントを一緒に考えてみましょう。

先ほど、私は現在やっている仕事の一つに「文章を書く」があると述べました。そして、その下地にはいくつかの要素があることにも触れました。

・本業で書類を書く機会が多かったこと
・毎年300冊ほど本を読んでいたこと
・ブログを書いていたこと

他にも、働く母親としての経験や悩み、家事・育児からの気づきなども、目に見えないものですが、要素として存在していたと思います。こういった土壌（下地）の上に、自分業の種（私の場合はブログを書くこと）をまいたので、やがて発芽し、それが仕事になっていきました。大事なのは、それまでやってきたことの延長線上に「文筆」という仕事があったのであって、いきなり書籍を出したり雑誌連載を持ったりするような仕事が、やってきたわけではないという点です。つまり、自分業の種をまいたときに、発芽しやすい土壌（下地）があったことがポイントです。

皆さんはいかがでしょうか？　自分業が育つような土壌（下地）となる、自分の経験やスキルを考えてみたことはありますか？　ここで一緒に、自分業の下地づくりとしてワーク③**「自分業の下地づくりシート」**（p81参照）をやってみましょう。

ステップ1：現状を見つめ直す

自分業として「お金」「つながり」「健康」のどれを今後増やしたいと思っていますか？「マイキャリア重ね合わせ発見シート」（p69）を参考にして書き出してみましょう。また、その項目がどのような状態になったら理想的かも考えてみてください。たとえば、現状の仕事で「つながり」が不足している場合は、仕事を通じて他者との交流機会を増やしたい、などです。

ステップ2：現状を棚卸しする

今まで得てきた経験、スキル、最もお金や時間をかけてきたこと、他者から「得意」と言われることを書き出してみましょう。「マイキャリア重ね合わせ発見シート」も参考にしてください。たとえば健康に関する理想なら、「無理なく体を動かせる時間を確保できる」といった目標も併記するとよいでしょう。書くときは自己評価をせず、「こんなの大したことない」と思う声は封印してください。また、仕事・プライベートを区別せずに書くと進めやすいです。

ステップ3：今の自分ができることを知る

ステップ1で選んだ「お金」「つながり」「健康」の種をまく下地になりそうな項目はありますか？「〇〇できる」「〇〇がある」といった動詞で書いてみましょう。自分が実際にできることや、持っている経験が見える化されます。

ステップ4：下地を耕す＝スモールステップでアクションを決める

ステップ3を踏まえて、今日から、小さく始められそうなことを書き出してみましょう。たとえば、「家事ライフハックをまとめる」「うまくいっていることからヒントを得る」「自分と同じ価値観を持つ仲間を探す」などを1〜3個ほど挙げてください。ここからが重要です。**その行動をいつ・どのように実行するかを決め、実現可能なサイズに分けて、スモ**

ールステップで進められるようにします。

このように段階を経て考えてみると、自分業の種をいきなり何もない場所にまくよりも、これまで培ってきた経験やスキル、学びを土壌として、自分業を育てるための基盤が見えてきます。特に「何もない、どうしていいか分からない」と感じるあなたは、まずは何がやりたいかの種を探す前に、土壌（下地）を耕してみましょう（このワークシートはダウンロードすることができます。詳しくは253ページをご参照ください）。

▼ ワーク③　自分業の下地づくりシート

ステップ1　自分業として「お金」「つながり」「健康」で今後増やしたいものはどれでしたか？　○をつけてください（マイキャリア重ね合わせ発見シートを参考に）

「お金」　「つながり」　「健康」

その項目がどうなったらいいな、という理想も書いてみましょう。

例：「つながり」現職では、フルリモートで他者と出会う機会が少ないため、他者との交流を増やしたい。

ステップ2　今まで得てきた経験、スキル、お金や時間を最もかけてきたこと、他者から「得意」だと言われることを書き出してみましょう。
書くコツ：仕事やプライベートなど区分けしない、自分で価値がないなど判断しない

経験	例：会社の書類書き、働く母親、家事効率化
スキル	例：Wordが扱える
お金	例：書籍の購入
時間	例：読書、子育て
得意と言われること	例：論理立てて話すこと

ステップ3　ステップ1で選んだ「お金、健康、つながり」の種をまく下地になりそうな項目はありますか？

例：Wordで文章を書くことができる。ネタになりそうな働く母親経験がある。論理立ててそれを並べることができる。

第3章

—

「40歳の壁」を越える自分業の始め方 準備編

人生後半の目的を言語化してみる

この章では、あなたにとって「お金」「つながり」「健康」を満たす「自分業」を始める前の準備として考えておきたいことをお伝えしていきます。

まず、あなたの人生後半の「目的」を言葉にする練習から始めましょう。「40歳の壁」を越えた未来すら見えていないのに？　そうです。見えていないからこそ、「どんな風に年を重ねたいのか」を考えるために言葉にするのです。もちろん、いきなり

「あなたの人生の目的は？」

「死ぬ前にどんな人生だったら満足？」

「〇年後にどうなりたい？」

「これから何がしたい？」

などと問われても、「焦るわ」「正直、人生の目的なんてわからない……」と、戸惑う人が多いと思います。

アラフォーまでの前半「40年間」ですら、環境はどんどん変わるし、自分自身の経験や価値観、考え方も毎年アップデートされてきた。たとえ今考えられる「目的」を言葉にしたとしても、正直それが「最適解かどうか」なんてわからないですよね。

人生の目的は探すものではなく導き出すもの

最近は時代の変化が速いので、「人生の目的なんて決めなくていい。やりたいことをとにかくやって、それが積み上がれば人生が決まっていく」という考え方も広まっています。

私も、この考え方にはおおむね賛成です。「人生の目的は何か？」を考えて足が止まってしまうより、とりあえず行動して前に進んでいったほうが何倍も学びがあります。しかし、どの方向に進んでいくのかは、ある程度決めておく必要があると考えています。

何を「おもしろそう！　やりたい！」と思うか。これがはっきりわかる人は、自分が大事にしているものや価値観、つまり「現在の行動や選択の基準」が明確です。人生の目的がわからなくても、進むべき方向ははっきりしています。

この「現在の行動や選択の基準」がはっきりしていないから、みんな「人生の目的って？進むべき方向って？」と悩んでしまうのではないでしょうか。

ちなみに**「人生の目的」は探すものではありません。自分の価値観に基づいて選び取ってきた過去の経験から導き出すものです。**自分の中に「眠っている」ものだったり、すでに「わかっている」ことだったりします。

「○○が好きだ」
「○○な場所が楽しい」
「○○な人が好きだ」
「○○を成し遂げたい」
「○○なモノに囲まれたい」

これらの○○が集まることで、あなたが「幸せと感じる状態」がつくられます。みんな不幸になるために生きているわけではありません。この「幸せと感じる状態」にたどり着くために人生を歩んでいます。

つまり、**「幸せと感じる状態」を言語化したものが「人生の目的」です。**

目的地を言語化することでたどり着ける

人は、言葉にできないことは意識することができず、行動に移せません。ぼんやりと流れていってしまいます。「どんな人生を送りたいのか」「どんな時間を過ごしたいのか」を言葉にすることは、人生の目的を決めることにつながります。

カーナビに目的地を入れたら、たとえ道を間違えても、遠回りしても、時間をかければいつかはゴールに到達します。ところが、目的地が決まっていないと迷走しますし、そもそも発進できないこともあります。

しかし、「人生の目的、どこへ向かいたいかなんて聞かれても……」と、はっきり答えられない人もいます。環境がどんどん変化しているので、未来の展望を描けない人がいるのも当然です。

その場合は、目的地を入れることができなくても「西に行きたいのか、東に行きたいのか」「行きたいのは海側なのか、山側なのか」、それくらいの方向性は決めておく必要があります。人生の時間は止まることなく進んでいくからです。

なんとなく毎日を過ごし、なんとなく困難を乗り越え、なんとなく楽しみながら、時間が経ってたどり着いた先は「山」だった。「いやー、本当は海方面が良かったんだよね」では笑えません（いるよ、意外と）。

「本当はあのときにこうしたかった」と言いながら余生を過ごす人はたくさんいます。時間は有限であり、かつ巻き戻すことができません。だからこそ**「目的地＝どんな人生を過ごしたいのか」を、方向性だけでもいいから言葉にしておく必要があるのです。**

つまり、人生の目的を決めるとは「自分が大事にしたいことを言語化する」、もっと言えば「言語化するための時間をつくる」のが最初の一歩です。

言語化するための具体的な方法

では、どうやって人生の目的を言語化していくのか？

「言語化」と聞くと難しそうですが、つまりは「どんな人生だったら満足か」を満たす項目を言葉にしてみるということです。

「やりたいこと100リスト」を書いたことはありますか？　手帳術の一環としてよく使われている手法です。『人生の100のリスト』ロバート・ハリス著（講談社刊）が出版された2004年あたりから活用されているようです。

私は毎年、年末から翌年の年始にかけて新しい手帳を開き、「やりたいこと100リスト」を書いています。これを書き始めてから、人生の目的の形が見え始めました。最初は全然書けません。30個くらいで止まります。それでも毎年書くのです。

・なんでもいいから書く……「ぼーっと過ごしたい」でも〇K。

・一気に書かない……急には思いつかないので、のんびり1カ月くらいかけて書く。
・似たことを書いてもＯＫ……運動したい、走りたいなど。

書き始めてから10年くらい経っていますが、年を追うごとに具体的に言語化できるようになりました。

・初年度……「海に行きたい」
・現在……「〇〇島の〇〇ビーチに8月に行きたい」（具体的になっていく！）

この「やりたいこと100リスト」から人生の目的を具体化していく方法として、まずはリストの中でジャンルが似ているものに同じ色のマーカーを引いたり、〇をつけたりして色分けします。

そうすると、「あれ？　仕事系は全然ないけど、行き先系がたくさんあるな」「家族系が多くて、ほかの人間関係系があんまりないな」といった気づきがあります。

そのうえで、項目数が少ないジャンルで「ほかにもやりたいことはないかな」と考えてみたり、逆に項目数が多いジャンルで「もっと具体化できることはないかな」と考えてみたりします。すると、頭の中の問いに答える形で、少しずつ言葉になって出てきます。

やりたいこと＝人生の目的（かなえたいことに近い）のため、だんだんと自分にとって「幸せと感じる状態」を言葉にできるようになっていくのです。

人生の目的の言語化は、人生のカーナビに目的地をセットするようなものです。1回や2回では言葉にできないかもしれませんが、回数を重ねるうちに「どの方向へ行きたいのか」は見えてくるようになります。

これができたらシメたもの！　あとは時間をかけて「具体的な言葉」に落とし込んでいくだけです。「やりたいこと100リスト」を毎年書いていると年々具体化していくので、最終的に「人生の目的」に近づくことができるようになります。

この「言語化」の効果については、いろいろな書籍に書いてあります。言語化によって自分の願望を外に出し、メタ認知することで、脳のＲＡＳというシステムに願望がセットされます（『自動的に夢がかなっていくブレイン・プログラミング』［アラン・ピーズ、バーバラ・ピーズ著、市中芳江訳、サンマーク出版刊」に詳細あり）。

その後、行動の選択を迫られたときに、脳の9割を占めている潜在意識が、言語化された言葉につながるような行動を選択していきます。本人は忘れたつもりでも、脳が覚えているのです。そして1年も経つと、選択の積み重ねによって結果的に願望がかなっていたりします。これが、人生の目的を言語化する効果です。

あなたの人生の目的は何ですか？　方向性がまだ見えないというあなたへ。まずは練習として「やりたいこと100リスト」を書いてみてください。書いていくと、自分が幸せだと感じる状態（＝目的）が明確になっていきます。

すると、そこから、「この幸せを味わうための『仕事』ってなんだろう」と思考が動き始めます。多くの人に囲まれて何かを成し遂げたいのかもしれないし、モノをつくって人の困りごとを解決したいのかもしれない。**世間や周りから「良い」といわれていることではなく、自分が「幸せ」と感じることを軸にした「自分業」を考えるためのアンテナになるのです。**

言葉にする習慣を身につけると、自分カーナビがうまく動き始めますよ。

人生後半戦に「みんなの正解」は必要ない

人生後半戦をどうデザインするかを考えたとき、世間や他人が「良い」とすること＝「みんなの正解」を基準としない、というのは1つのキーワードです。

人生の前半戦は、まだ自分の価値基準がはっきりしないので、親や先生や社会が「正解」としてきたことを、意識的にも無意識的にも選びがちですよね。でも、その「正解」通りにやってきたはずなのに、「40歳の壁」が目の前にある。ということは、その「みんなの正解」は、今の「私の正解」ではないということになります。

ここでいう「みんなの正解」とは何か？

・親や先生から褒められることをする。
・偏差値は1でも高い学校を目指す。

・就職は大手企業を選ぶ。
・一度やり始めたことは（習い事、部活）継続する。

これらを「良い」とする価値観が無意識に刷り込まれていませんか？　これ、時代や他者によって決められた枠の中での価値観なんですよね。その枠の中では、「一番・早い・高い・長い（継続）」が正解。子どもの頃から、この「正解」への到達度を競わされてきました。

私たち（30～40代）の多くは、この「みんなの正解」を当てにいくことが「良い」という教育を受けてきました。自分の価値観はともかく、とりあえずみんなが「正解」とするものを当てにいっておけば、親や先生から褒められるし、同じ価値観を刷り込まれている同級生から「すげぇ」と言われる。
「好きな道を進むべし」と言われていても、当時18歳でアイドル全盛期の広末涼子さんが「早稲田大学へ進学」というニュースを見て、「結局、学歴か」なんて気持ちになったものです。

「みんなの正解」ではなく「私の正解」が価値になる時代

モノがあふれる現代では、みんなと同じことをしていても成長はない（コモディティ化）ため、だんだんと「独自性・個性」に重きが置かれるようになってきました。

私たちアラフォー世代は、みんなと同じ中で「一番」になることが価値を持つ教育を受けて、社会に出たら、みんなと同じではないこと、つまり「独自性・個性」が価値になった世代です。インプット（教育）とアウトプット（仕事）のルールと評価がずれている。

「独自性・個性」が価値を持つ時代になじんでいくには、いくつかの「みそぎ」が必要です。

・合わないことから外れる勇気を持つ（正解を疑う）。
・違和感を覚えたらスルーしない（引っかかりをつかまえる）。
・「みんなの正解」以外の尺度を見つける（正解よりおもしろさ）。
・「私のこだわり」が価値を生む領域を見つける（市場を広げる）。

現在、私たちの子どもは、この「独自性・個性」が問われている世代です。しかも、社会からは、早めにそれを見つけて、生きていけと言われています。

私たちの世代は偏差値の高さ、大企業に就職、出世の早さなど、同じ枠の中で競い、評価され、それは一応ハズレのない道ではありました。

子どもたちの世代は、「みんなの正解」というものがない。しかも、難易度が高いのは、自分の「独自性・個性」に早めに気づいて、学業や仕事、生き方に反映させて人生を歩まなければいけないという点です。**「みんなの正解」ではなく、「私の正解」を見つける必要がある。**とはいえ、「俺は海賊王になる！」では困るわけです。

社会的、倫理的視点も踏まえつつ、いろいろなことを学びながら、「何が好きか・嫌いか」「何に興味や問題意識を持つのか」「独自性・個性を生かして、どう主体的に生きるのか」です（AO入試が20年前と比べて9倍に増えているのも、まさにそこに注目した流れですね）。

アラフォーの私たちも、「40歳の壁」をチャンスととらえて、「みんなの正解」ではなく

「私の正解」に目を向けていかないといけません。「これまでと同じことの繰り返しでは、行き詰まるかもしれない」と思うなら、これまでとは違うことに着目（自分の個性や独自性を深掘りする、大事にする）することで、開かれる道がきっとあるはず。

・「私らしいって何？」と同僚や友人に聞いてみる。
・偏愛（推しでも良い）を感じるモノを書き出す。
・今まで時間とお金を使ってきたことを棚卸しする（第4章でも触れていますが、おすすめの手法です）。
・これまで与えられた役割（学生、部員、バイト、社員、子ども、親、友人、恋人……）の中で、自分がしっくりきていたものを思い出し、理由を考える。

「私の正解」が価値になることは絶対にある。でも、「みんなの正解」というメガネでは、見えてこない。メガネを外してみる。ここでうまくシフトチェンジできれば、「みんなの正解」ではなく、「私の正解」にフォーカスした仕事＝自分業が見えてくるようになります。そうすれば、人生後半戦を、今よりもっと自分らしく生きられるのではないでしょうか。

報酬とは何か？　あなたが得たい報酬の種類は？

会社員の方は「報酬」と聞くと「金銭」をイメージしやすいと思いますが、実はほかにもいろいろな種類の「報酬」があります。皆さんは仕事から「どんな報酬を得ているのか？」を意識したことがありますか？

・精神的報酬（楽しさ・喜びを感じる）
・技能的報酬（能力・スキル・経験が増える）
・金銭的報酬（給与やボーナス、福利厚生など）
・信頼的報酬（社会的信用・人物評価が上がる）
・貢献的報酬（メンバーや仲間の育成に関わる）

私は２０２０年に会社員を卒業するまで16年ほど会社員をしていたので、典型的な労働者目線で報酬を見ていました。「どんな勉強ができて、いくらもらえるの？」という点、つまり技能的報酬や、金銭的報酬を主に意識していました。
相手（会社）が支払ってくれていた精神的報酬（楽しい、快適な職場のための維持コスト）、信頼的報酬（会社員としての信用）、貢献的報酬（マネージャーとしての経験などを得る機会）を見ていなかったのです。

しかし、ここ数年、人から頼まれ仕事をしたり、逆に人に仕事を頼んだりすることで、相手から「どんな報酬」をもらっているか、こちらは「どんな報酬」を渡せているかを考えるようになりました。

金銭的報酬以外の報酬を得ることを考える

人によって「得たい報酬」は異なります（次ページ図9）。

・いくらもらえるのか？（金銭的報酬）……雇われ人（会社員など）や学生、副業初心者

▼（図9）人によって見ている「報酬」が違う。

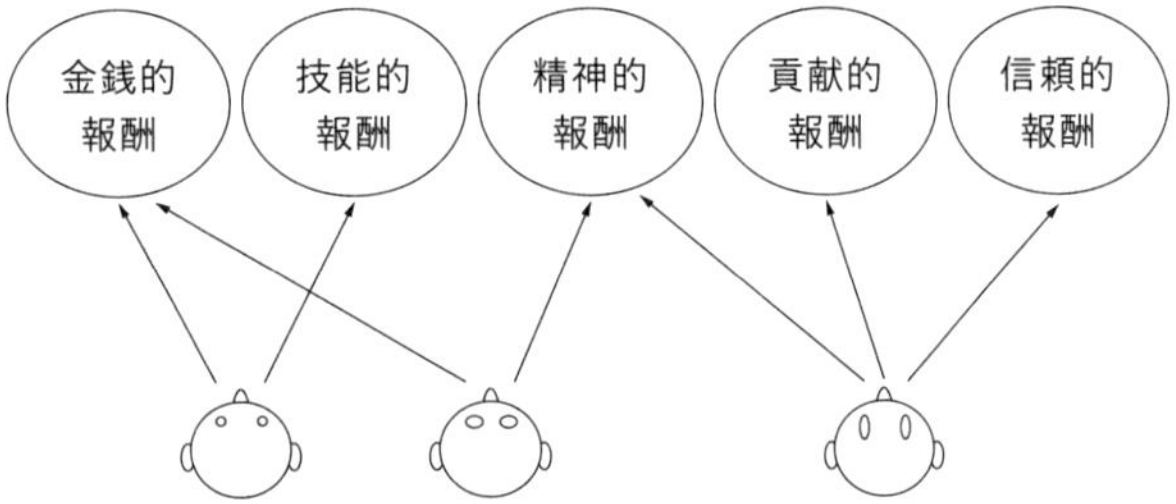

などが見ているゾーン

・いくら＋何がもらえるのか？（金銭的、技能的、信頼的報酬）……独立したてや個人事業主、専門職が見ているゾーン

・お金以外に得られるものは何か？（精神的、貢献的報酬）……金銭的に困っていない人、子どもや本業持ち、経営者などが見ているゾーン

こうやって考えていくと、仕事の依頼を受けたときに「『金銭的報酬』は少ないけど『信頼的報酬』が多いから、この仕事は受けよう！」と判断することができます。

こちらから仕事を頼むときにも、自分は「金銭的報酬」を渡そうと思っていたけれど、相手が求めているのは「技術的報酬」だと気がつくと、金額や仕事内容の交渉ができるようになったりします。

また、私の印象では「お金」がなくても、いろいろな人に助けられていて、行動が早い人は、この報酬設計がうまいです。たとえば、小さなコミュニティをつくりたいけれど、予算がないとします。そんなときに、「お金は多く渡せないけど、コミュニティ運営が学

べるので、一緒に手伝ってくれませんか？」と言えば、賛同する人が集まってくれます。お金が貯まるまで待つより、スピーディーに取りかかれますよね。

「自分がどの報酬を求めているか、よくわからない！」という人は、憧れの仕事をしている人や、こうなりたいなと思っている人を観察してみてください。その人の仕事を見て、「どんな種類の報酬を得るために、この仕事を受けているんだろう」と観察すると、いろいろ見えてきます。

特に「金銭的報酬」以外で仕事を受けている人からは、その人が大事にしたいものが見えてきます（例：広告系は受けないが、社会的信用の高い人との仕事は受ける著名人など。信頼的報酬で仕事を選んでいる可能性大）。

また、**本業があるうちは「金銭的報酬」が補われているので、「金銭的報酬」以外が得られる仕事やチャレンジをしてみると良いと思います。**

私のVoicyは、会社員時代は「精神的報酬（やっていて楽しい）」「技術的報酬（話がうまくなる）」「信頼的報酬（信頼される）」「貢献的報酬（共働き世代のお役に立つ）」のために行っていました。

これらの報酬を得ていたから継続できたし、のちの「金銭的報酬」や「ヨガ」にもつながっています。

皆さんはどんな「報酬」を会社や副業からもらっていますか？　そして、自分にとって必要な「報酬」はなんですか？　「報酬」の視点から考えると、あなたの自分業のイメージが、より具体的に見えてくるのではないでしょうか。

アウトプットでハマる劇場と演目を見つける

ここまで読んできて、自分業はおもしろそうだ、私にも何かできそうだという気持ちになりましたか？　では、自分業を始めたいけれど、何から始めたらいいのかわからない。そう思っている人にトライしてもらいたいことをお伝えします。

それは「アウトプット（自分の考えを外に出す）」です。しかも、社内や身近な場所ではなく、世界（となると、インターネット）へ向けてのアウトプット。とはいえ、難しく考える必要はありません。ＳＮＳやブログでいいのです。

私は、会社員の頃から定期的にアウトプットしていたおかげで、自己理解が深まり、自分業の方向性が定まっていきました。なぜアウトプットをすると自己理解が深まるか？「何かを考える→言葉にする→外に出す（書く、話すなど）」の流れで、自分の考えを客観視し、分解できるようになるからです（メタ認知）。アウトプットによって、自分の考え

▼（図10）アウトプットすることで自己理解が深まる。

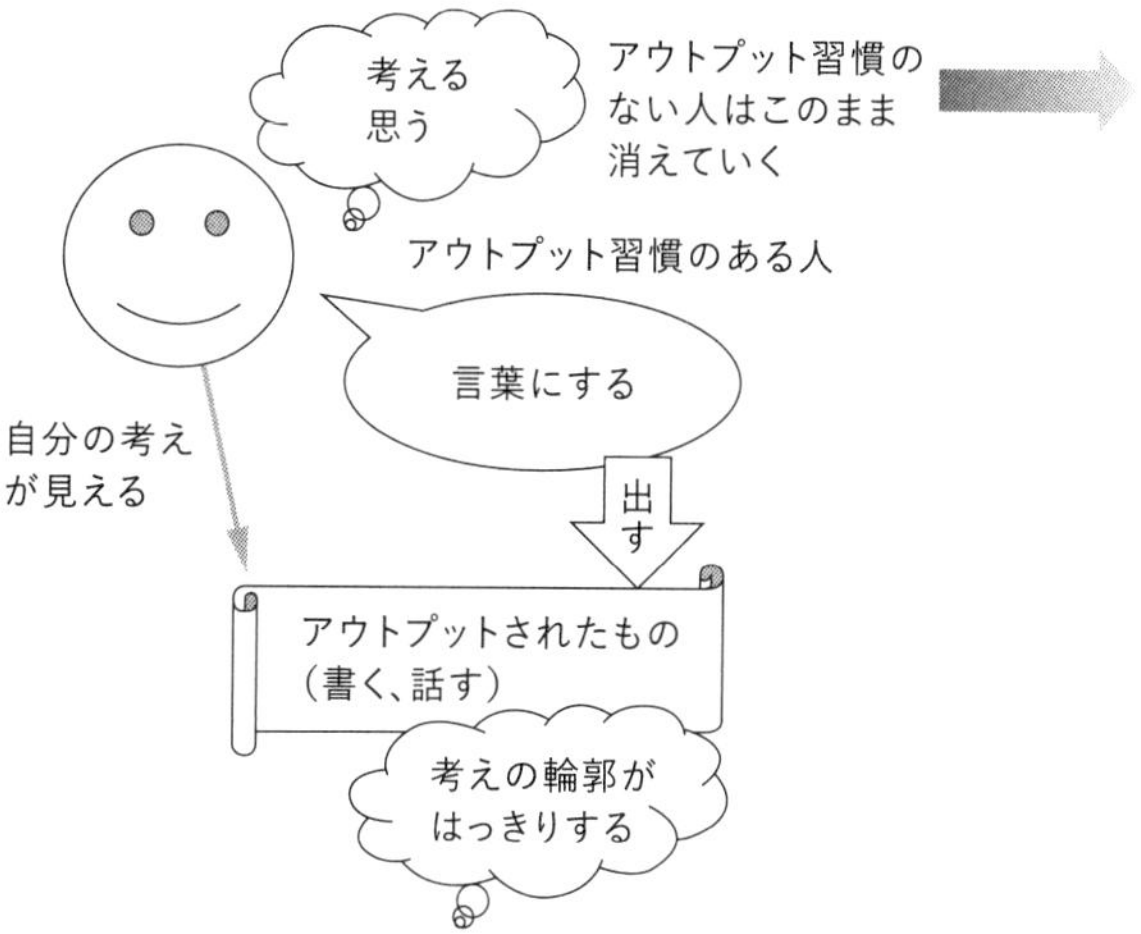

がぼんやりしたものから、輪郭がはっきりしたものに変わっていきます（前ページ図10）。

たとえば私の場合、最初はワーキングマザー向けにライフハックを発信していました。しかし、アウトプットするうちに、私は「家電の使い方」をレクチャーしたいわけではないこと、なぜ家電を駆使したいのか（時間が足りないことへの不満、なぜ時間が足りないのかの原因）、その裏に自分が抱えている問題意識に気づくようになりました。これは、家電を使っているだけでは見えてこなかったことです。

また、アウトプットしたものに反応が返ってくる（いいねやコメントがつく）ことで、自分の言葉や考えの足りない部分に気づき、ますます自己理解が進み、ますます自分の言葉で自分の考えや思いを説明できるようになります。

自分業を組み立てるときの一番のハードルは「何をしたいのか、できるのか、わからない」です。自分がわからないことは、他人には絶対わかりません。その「わからない」を乗り越えていくのに、アウトプットは最適なのです。

現代は1億総発信社会。アウトプットの媒体が増えていて、発信にコストがかかりません。誰でも発信できるので、発信する人は増えています。しかし、それを「見る・聞く・フォローする」人の数は限られています。

劇場は乱立していますが、お客さんの数が急増しているわけではありません。そこで、アウトプットするには「どの劇場」にするのか、「何の演目」を行うのか、「どんなお客さん」を集めたいのかが大事になってきます。

・劇場……プラットフォーム
・演目……コンテンツ
・お客さん……ペルソナ

あなたのアウトプットは何のため？

私は何事も「目的」が一番大事だと思っています。「そもそも何のためにやっているのか？何をやりたいのか？」です。

・目的……「夢・願望・理想」山の頂上
・目標……「何を、いつまでに、どうする」のフラッグ

「目的」と「目標」の履き違えはよく起こるのでご注意を。「100万円稼ぎたい」「フォロワーを集めたい」は、あくまでも「目標」。フラッグに過ぎません。その先にある「目的」は何なのか？が大事。

・「100万円稼ぎたい（目標）」→「稼いで何をしたいのか？」が目的
・「フォロワー数1万人！（目標）」→「フォロワーを集めて〇〇の集客をしたい（目標）」→「〇〇でどうなりたいのか？」が目的

目的はゴール、目標はあくまでそこに至るまでのステップです。**ステップである目標(フラッグ）はいつだって変更していいのです。目標を達成しなくても（フラッグを取れなくても）ゴール達成はできます**（図11）。

▼（図11）ステップである目標（フラッグ）は変更してもいい。

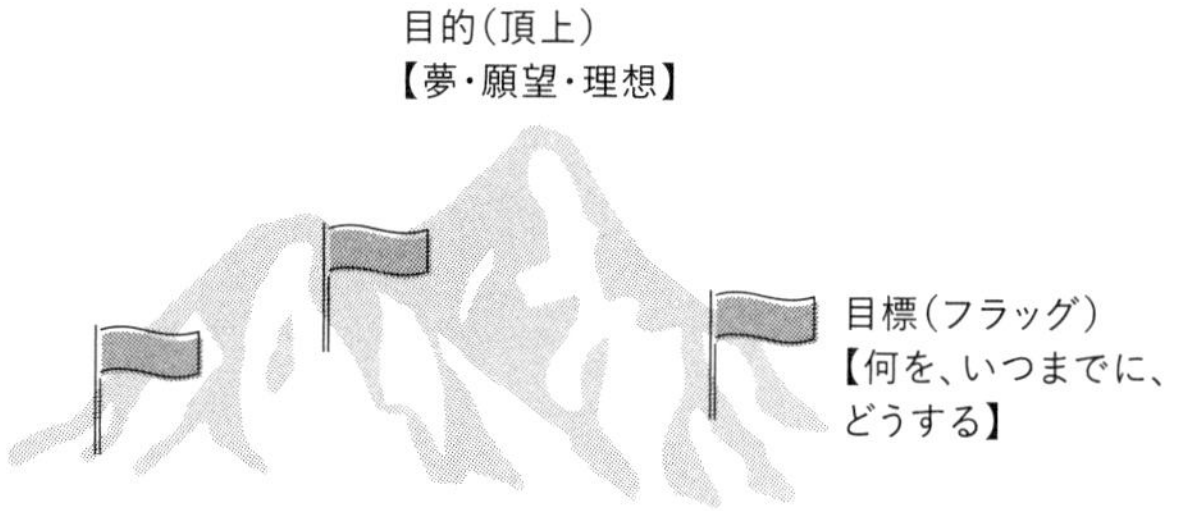

たとえば、「90歳まで誰の力も借りずに歩ける身体を維持する＝健康寿命90歳」がゴールだとします。そこで目標として40代から「週2回筋トレ」「毎日腹筋１００回」「毎年山登り2回」「毎月マラソン20㎞」を掲げたとします。

しかし、それらが全部できなくても、最終的には90歳まで誰の力も借りずに歩けたらいいのです。目標は変更できます。途中で、「運動ではない！　食事だ！」と思って、フラッグを変更しても構いません。

アウトプットは「打席に立つ回数」がものをいう

私たちは、有名人でも、天才コンテンツクリエーターでも、後ろ盾があるわけでもありません。そんな一般人は「打席に立つ回数」がものをいいます。試行錯誤の回数が、結局最短ルートになるのです。

合う劇場もあれば、合わない劇場もある。演目が悪いときもあるし、良い演目のはずなのに、お客さんに受け入れられない回もある。でも、やってみないとわかりません。やってみると、ご褒美としてＰＤＣＡが回転し、少しずつアウトプット力がついてきます。

有名な「エジソンは1000回失敗した」の話は、「成功するまでやれ」という意味ではありません。そもそも、普通の人は1000回も失敗できません。なぜなら、1000回も「違うやり方」が思い浮かばないからです。

「アウトプットのネタを100個書いてみてください」と言われても、いきなり100個なんて思い浮かびません。でも、いろいろなパターンで実際にアウトプットをしてみると、「この組み合わせはいいかもしれない」「こういった内容がおもしろいかも」「こんな話はここのプラットフォームがいいな」と、経験がひらめきを連れてきてくれます。すると、100個、200個とアウトプットの量が自然と増えていくのです。「アウトプットしたいことが浮かばない」「ネタがない」、そう思う人はそもそもアウトプットをする習慣がなく、インプットのアンテナが立っていない可能性大です。まずは打席に立つしかありません。

もう1つ、アウトプットは「自分が知らない自分」を連れてきてくれます。「ジョハリの窓」理論です。「ジョハリの窓」とは、「自分から見た自分」と「他者から見た自分」の認識の違いを4つの窓にたとえたもので、自己理解を深めることのできる考え方です（次ペ

▼（図12）「自分から見た自分」と「他者から見た自分」の認識の違い。

ジョハリの窓

	自分が知っている	自分が知らない
他人が知っている	**開放の窓** 公開された自己 open self	**盲点の窓** 自分は知らないが、 他人は知っている自己 blind self
他人が知らない	**秘密の窓** 隠された自己 hidden self	**未知の窓** 誰からも知られて いない自己 unknown self

ージ図12）。

・開放の窓……自分も他人も知っている自己
・盲点の窓……自分は知らないが、他人は知っている自己
・秘密の窓……自分は知っているが、他人は知らない自己
・未知の窓……誰からも知られていない自己

アウトプットをすると「今まで自分では気づかなかった特性や強み」を他者が教えてくれる！　これは自分業の「つながり」の効果です。「盲点の窓」が開きます！　Open the window!

行動しながら劇場と演目を絞っていく

アウトプットするにも、時間が無限にあるわけではありません。「点を多く打つ」を実践しながらも、以下の3つの条件を満たすものを見極め、少しずつ「劇場と演目を絞っていく」必要があります（次ページ図13）。

▼（図13）3つの条件を満たすものを見極めて、自分らしいアウトプットをする。

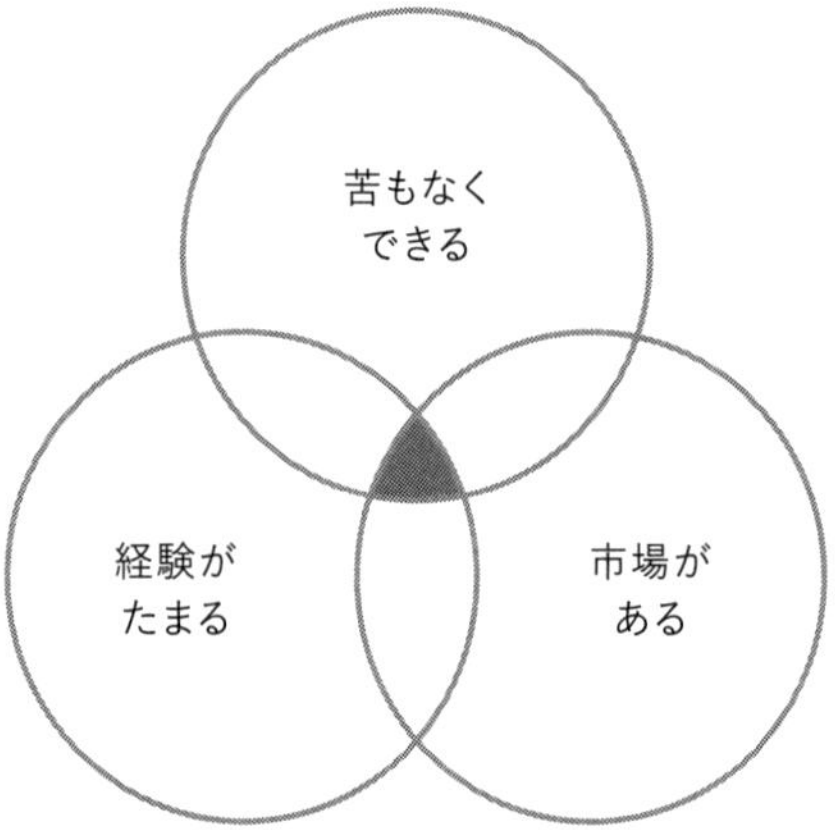

①苦もなくできる（継続できる）

アウトプットの最大の敵は「継続できない」ことです。「忙しいから」「ネタがないから」「本業が忙しいから」と習慣になる前にみんなやめてしまう。

アウトプットの目的を実現するためには、相応の「時間の投資」が必要です。そのため、スケジュールにアウトプットする時間を毎日入れ込む、仲間をつくって実行する、周りに宣言するなど、まずは継続できる仕組みをつくることが大切。

さらに、苦にならないプラットフォームを選ぶ必要があります。「X（旧ツイッター）は毎日できるけど、ブログは書けない」という人は、まずはXである程度の量をこなしてみます。

②経験がたまる（ストックできる）

アウトプットしたものは「コンテンツ」になっていきます。最初は流れていくフロー型でもいいですが、最終的には蓄積されていくストック型のプラットフォームを選んでいくといいでしょう。

Xは流れていくので蓄積されませんが、ブログに考えをつづっておけばストックできる。

ちなみにインスタもストック型です。なぜならコンテンツを一括で見られるから。フローは広告（新規流入、イベントや売るものの宣伝）、ストックは商品。フローとストックをうまく融合させたハイブリッド型が理想かもしれません。

③市場がある

自己満足で日記を書いているだけなら、どこでやっても良い。しかし、ある程度「人を集めて何かをしたい」という目的がある場合は、目的に応じた人がいる場所＝市場があるところで発信する必要があります。高齢者向けの入れ歯を売りたいのに、インスタで入れ歯のアウトプットをしても、そもそもそこに高齢者がいないのでNGです。

アウトプットした先にあるもの

アウトプットは、転がり出すと「自分の知らない」世界を連れてきてくれます。手前味噌になりますが、私は2018年にアウトプットを始めてから、取材依頼があったり、コラムの連載が始まったり、本を2冊出したり、挙げ句の果てには趣味だったヨガが仕事になったりしました。ひとえにアウトプットにより自己理解が深まったことと、その試行錯誤のおかげだと思います。

アウトプットに正しい方法なんてありません。みんな最短ルートを知りたがりますが、自分がハマる劇場と演目を見つけ出すしかありません（教えてくれる教材や方法論は、それを売る人たちの劇場で、気づいたらアウトプットしているつもりが観客席に座る自分がいる）。

アウトプットは、やるかやらないか。それだけです。シンプルな分やらない人が多い、継続できない人が多いからこそ、アウトプットには価値があるのです。

特に「40歳の壁」を前にして、何から始めていいかよくわからないと不安な人は、ぜひアウトプットをしてみてください。アウトプットの過程で得たものが、必ずあなたに「自分業のヒント」を教えてくれます。多くの人を相手にするのが好き、それがあなたの人生を変えることだってあるのです。

ＦＩＲＥより自分業を育てる

近年、ＦＩＲＥ（Financial Independence Retire Early：経済的な自立を実現させて、仕事を早期にリタイアする）というアメリカ由来の概念が日本でも流行しました。

従来のアーリーリタイアのように、一発当てた資産で生きていく（事業の成功や遺産相続など）リタイア戦略とは異なり、若いうちに投資元本をつくって、その運用益で生活していくというスタイルです。

１億円の元本をつくって年率４％で運用すれば、４００万円の生活費になります（税金等の計算は省く）。ＦＩＲＥは希望するライフスタイルによって、元本の金額調整をして実現できます（生活費を下げる、利回りを上げるなど）。

事業で大きく当てるのは難しいけど、20〜30代でお金を貯めてアラフォーやアラフィフでリタイアするのであれば、一般人でも達成可能ということで人気があります。

しかし、私はFIREを推奨しません。FIREは、現在の生活において「仕事が嫌だ」「時間が自由に使えない」から目指すのだと思います。資産をつくり、仕事をやめ、自由な時間がたっぷりあるというのは、一見幸せそうです。

しかし、「仕事が嫌だ」「時間が自由に使えない」の解消方法は、本当にFIREなのでしょうか？

「FIREする＝幸せ」ではない

自分が「なぜ仕事が嫌なのか」「なぜ時間を自由に使いたいのか」を深掘りしておかないと、FIREしても「何をしていいのかわからない」「自由な時間はあるけど、ネットフリックスばかり見ている」「ダラダラしてしまって太った」など、人生の充実度が下がるだけです（FIREしたものの、健康を害したり、再就職したりする人もいます）。

むしろ、自分の仕事が好きな人は、FIREを目指さないはずです。好きな仕事でお金をもらって生きていくほうが幸せだからです。私は、FIREを目指すより、自分業を育てる、そのために試行錯誤する時間を取るほうが何倍も重要だと考えています。試行錯誤とは、具体的には以下のようなことです。

・仕事に不満・不安があるなら、その理由を探る。
・小さくチャレンジして、自分業の種を探す。
・自分がコントロール権を持てる仕事は何かを考える。

そこで、**「40歳の壁」を越えるときにおすすめなのが、「サバティカルタイム」を取ることです。**

「サバティカルタイム」とは

サバティカルタイムとは、「使途用途を決めない休暇」のことです。企業などでも取り入れられているので聞いたことがある方もいるのではないでしょうか。一般的な「サバティカル休暇」は、次のように定義されることが多いです。

①理由（介護、海外駐在帯同、進学など）がある従業員に長期休暇を与える制度
②長期勤続者に対し、休暇理由に関係なく与えられる一定期間の長期休暇

２０２１年4月には、全日本空輸が理由を問わずに最大2年間休職できる「サバティカル休暇制度」を導入して、マスコミに騒がれました。休暇中は基本的に無給ですが、「用途を問わない」数カ月〜年単位の休暇というのは、社会人にとって魅力的です。有給休暇は取れても年間20〜40日なので、期間が短いですよね。

もちろん、企業にとってもメリットがあるから導入しています。たとえば、共働き夫婦のどちらかが海外駐在になった場合、もう一方は帯同するのかしないのかという問題があります。そのときサバティカル休暇制度がある企業は、優秀な人材を失うリスクを回避することができます。

また、サバティカル休暇を利用して大学院に進学した人が、学んだことを仕事に生かしてくれるなら、それも企業にとって大きなメリットです。

私が在籍していた会社にも、サバティカル休暇がありましたが、本人の留学や子どもの病気や介護、パートナーの海外駐在帯同といった理由でしか取得が認められませんでした。私の場合、「40歳の壁」「自分業を育てる」が理由だったので、退社して自主的に取得しました。

私が定義している「サバティカルタイム」とは、あくまで「使途用途を決めない」休暇であることが条件です。自分業を模索・試行錯誤するための休暇です。

「フリーランスと何が違うの？」と聞かれますが、フリーランスの定義は「特定の企業や団体、組織に所属せず、業務委託で自らの技能を提供することによって社会的に独立した個人事業主」ですので、そもそも提供する「自らの技能」すら持っていなかった私は、フリーランスではありませんでした。

サバティカルタイム取得直後の2カ月くらいは、中小企業支援団体の勉強会に出たり、セミナーに参加したり、何が向いているかを模索しながら少しずつ試したりしていました。

これらは、収入を得るためにやっているというより、「私には何が向いているかな」と自己探求していた感じです。

私にとってのサバティカルタイムは、「自分で自分にしかできない仕事の種を見つける期間！ いろいろやってみよう！」と模索する期間でした。

サバティカルタイム中にいろいろと試してみた結果、現在は複数の自分業が収入の柱になっています（サバティカルタイム中の試行錯誤については第5章でお伝えします）。

繰り返しになりますが、自分業とは、お金・つながり・健康の3つの要素を満たす仕事です。

【例：私の場合】

・お金→発信業（Voicy）・文筆業（note、雑誌連載、書籍）、物販（ソワン）、不動産賃貸業

・つながり→発信業、文筆業、講師業（Flierなど）、ヨガ（ポスパム）

・健康→ヨガ、講師業

「そんなに休めないよ、仕事なんてやめられないよ」と言う人もいます。それなら、長期休みのときにどうですか？　週末はどうですか？　1日の中にサバティカルタイムを設けてみてはどうですか？

どんなスタイルでもいいので、自分なりの「使途用途を決めない休暇」を取ってみる。そこで自分なりの試行錯誤をしてみる。ただの休みではなく、時間に名前をつけて見方を変えてみる。すると「40歳の壁」もまた違った形に見えてきたりします。FIREよりサバティカルタイムのほうがおもしろいし、自分業が育てば、人生後半戦がもっと楽しくなります（と、実際にやった私は思います）。

第4章

—

「40歳の壁」を越える自分業の育て方 実践編

経費から考える自分業の見つけ方

ここからは、あなたらしい仕事「自分業」を具体的にどう育てるのか？についてお伝えします。

アラフォーともなれば、これまでの経歴から自分なりの仕事のやり方や知識を持っていますよね。それらを生かしつつ、自分業の種を見つけて育てていくのが理想的です。

その新たなヒントとして、この章では、具体的なアイデアをお伝えします。これらを「全部やってみて！」というわけではありません。自分の「40歳の壁」の前に並べてみて、使えそうなものを試してみてください。

自分でビジネスを組み立てるというと、つい「どうやってお金を得るか」という点に目が行きがちですが、ここでは、**「得るお金」ではなく「出ていくお金」、つまり「経費」から、あなたにフィットする自分業の種を考えてみます。**

経費とは、事業を行い、収入を得るためにかける費用のこと。個人でお仕事されているならともかく、会社員の方は「経費」という言葉にネガティブなイメージを持っているのではないでしょうか？　請求書を出して支払いをしてもらったり、自分の出張旅費を精算したり、上司からの経費承認期日を気にしたり。「面倒くさ！」と思うようなやりとりばかりですよね。

かくいう私もそうでした。「経費？　精算処理も承認も面倒！」とずっと思っていました（マネージャーのとき、メンバー12人の経費承認をしていたことがあるが、1件ずつ見ると発狂しそうなので「君たちを信じている！」とエンターキーを押していたことも。すまぬ、時効）。

同期が大きな立て替えをしたときに、「早く経費精算しないと、カード代が口座から落ちない！」と慌てているのを見て、「なんで個人が立て替えするの？　事前申請か請求書払いにしなよ。会社が払うべきお金なんだから」と思っていました。経費は会社のお金、個人には関係ないと思っていたのです。

経費とは収入を得るためにかける費用

その感覚のまま独立したものだから、しばらくの間、経費として精算できるものを勘違いしていました。「プライベートでも使うかなぁ」と少しでも思ったものは、全部個人で支払っていたのです。仕事メインで使うようなヨガウェアや文具、ちょっとした手土産なども、全部自腹で払っていました。

のちに税理士さんから「経費が少なすぎる！」と指摘されて、それらは経費として精算すべきだったと判明。迷うものは仕事とプライベートの使用割合で振り分ければ良いとのことでした。

私のように会社員から独立した人は、経費とは「仕事に関係のある支出であり、事業収入を増やすためのもの」とわかってはいるけれど、その効果や恩恵を本当に理解している人は、実は少ないのではないでしょうか。

実際、経費にできるものを分けていくと、これまで個人で支払いしていたもの、たとえば書籍代やヨガセミナー代、パソコンやガジェットといったコンテンツ制作に関わるものが、すべて経費になりました。本を読み、ヨガを学ぶという行動は、会社員の頃と何ひとつ変わっていないのに、お金の流れが変わったのです。

・会社員……ただの自己満足なので、すべて個人支出。
・現在……売上を生み出す源なので、すべて経費。

当たり前のことですが、インパクトがあります。

個人のお金を増やしたい、副業したいという人が現代はとても多いです。その際、支出を経費にできる仕事を持つ、つまり**本代を「稼ぐ」ために仕事をするのでなく、本代を「経費にできる」仕事を考える**という思考法を持っておくと、入り口（収入）と出口（支出）の両方のコントロール権を持つことにつながります。私はこのことに経費処理で気づきました（遅い）。

「好き」を分解して自分業に変える

では、あなたの支出を経費にするためには、どんな自分業をしたらいいのでしょうか？

私は単純なパターンで、好きでやっていた「ヨガ」を「教える」ことが自分業になりました。好きでやっていた「読書」も、「読んでいた本」を資料にして「コンテンツをつくる（音声、文章）」ことで自分業になりました。

個人支出が多いもの（私の場合はヨガや本）は、あなたが「好き」なものだと思います。つまり、「好き」をどうやって自分業にするか？と考えていくのがわかりやすい。**頼まれてもいないのに、お金と時間を使っているものは自分業の種なのです。**

どうやって「好き」を自分業にしていくか？を考える際は、具体と抽象の行き来をしながら「好き」を分解していく必要があります。

たとえば、サッカーが好きで、サッカーに関する支出（観戦チケット、グッズ、ウェア、習い事、トレーニングなど）が多いとします。これを自分業にして、支出を経費にしたい。単純に「サッカーを教えたらいい」と思う人もいれば、「いやー、人に教えるのはちょっと違うんだよね」と思う人もいるでしょう。サッカーが好き（抽象）＝サッカー指導（具体）しか浮かばないと、自分業の種が見えてきません。

そこで、「サッカーが好き」の構成要素を分解（具体化）してみましょう。

ボールを蹴るのが好き、チームメンバーと話すのが好き、勝つのが好き、練習でうまくなるのが好き、試合が好き、教えてもらうのが好き、サッカーを見るのが好き……。どれがあなたの「好き」の本質でしょうか？

たとえば、「サッカーが好き」を分解していったら、「サッカーを教えてもらうのが好き」だったとします。そして、さらに掘り下げていったら、「サッカーに関する知識が増えるのが楽しい、学習欲が満たされるから」と気づいたとします。

それなら、サッカーの知識を増やすことができる「サッカーの取材をすることや、サッカーチームの情報を集めて分析すること」が向いているかもしれません。そこに、これまでの社会人経験やスキル、継続するための時間と仕組みを足して考えてみます。

仕事で分析する経験が多かった。分析したり、データをまとめたりするのは苦じゃない。それなら、サッカーチーム別の分析をブログにしてアフィリエイトを貼ってみるか？　サッカー好きが集まるコミュニティをつくってみるか?なんて考えてみるのです。

もちろん、うまくいくこともあれば、いかないこともある。**小さな行動を繰り返して、修正しながら仕組みをつくっていきます。**

たとえば私の場合、最初はブログ執筆を自分業にするべく、がんばって100記事ほど書き上げました。収益は毎月2~3万円くらいになりましたが、その後は家事・育児・仕事に忙殺されて書く時間が取れず、それ以上の収益を上げることができませんでした。これでは、毎月払っている本代ギリギリです。

しかし、同じ内容を「書く（ブログ）」から「話す（音声配信）」に変えたことで、大きな変化がありました。私にとっては、書くよりも話すほうが、圧倒的に効率良くできることだったのです。仕事でプレゼンの機会が多かった、音声入力を多用していたことが要因だと思われます。

そのため、「書く」では、なかなか収益化しなかったのに、「話す」に変えたら、コンテンツの量も収益も増えました。本代の回収が、ブログを書いていた頃より圧倒的に早く、しかも私自身の負担も減りました。**こうやって、自分にとって「当たる」ところを少しずつ見つけていくのです。**

支出を経費にできる自分業を考える

支出を経費にできる自分業は何か、具体的に考えていきましょう。

私は「本代」を得るためにアウトプットを始めたので、「本」を例にします。ここでの「本」を、皆さんがお金を使っているものに置き換えて考えてみてください。

【例】

本を年間300冊買う（ざっくり計算すると、1500円×300冊＝45万円）。年間45万円の本代を経費にできるビジネスモデルを考える。つまり、45万円以上の売上が上がるもの。極論をいえば「45万円の売上があり、45万円の経費がかかれば0円で本を読んでいるのと同じ」。

会社員で「○○代がね、けっこうかかるんだよね（本業を辞める気はない）」という人におすすめ。

コンテンツや商品にする方法① 間接課金

ブックレビューを発信し、間接課金で収入を得る方法です。具体的な手法は「ブログやnote、YouTube、SNSなどに書籍のアフィリエイトリンクを貼る」になります。必要なものは、PV数とフォロワー数。収益を発生させるには、45万円÷12カ月＝3万7500円／月のアフィリエイト報酬が必要です。

私の体感では、1冊1000円程度の本の場合、紹介後に50冊売れたら3000円くらいの売上です。1カ月あたり12冊の本を紹介して、平均50冊ずつ売れていけば達成します。やっていくうちに過去記事からも売れていくようになるので、毎月12冊も新規で紹介しなくても良くなります。私はブログのPV数が3万PV／月(毎日1000人が見るくらい)から達成しているので、そんなに難しくないはず。

ある程度、ブログや発信媒体の書籍紹介を見てもらえるようになったら勝手に売れていくので、会社員の自分業向きです。アフィリエイトは難しいと思っている方が多いようですが、月3~5万円なら手が届きます。ただし、成果が出るまで半年~1年はかかるので、多くは継続できずに脱落していきます。ブログやSNSを地道に継続する力が必要です。

「発信を継続しても思っていたような反応が得られない場合、何カ月で損切りしますか？」と聞いてくる人が多いのですが、そういう人は正直言って、向いていないと思います。地味なコンテンツづくりに向いていないので、「好き」をもう一度分解したほうがいい。「この本が良かったよ！」「ここが響いた！」を誰かに知ってもらいたいという理由で始める人のほうが向いています。

コンテンツや商品にする方法② 直接課金

サービスやコンテンツをつくって、直接課金で収入を得る方法です。リクエストを聞いて選書したり、人にプレゼントする本を選んだり、書籍を書いたり（キンドル自費出版、商業出版）、読書に関連した講座を行ったりします。アフィリエイトのようにチマチマ100円を集めるのではなく、単価を上げられるので、毎月3万7500円を達成しやすい。

挑戦しやすいのは、講師業やコンテンツの直接販売です。サロン運営をしている人もいます。

【例】

・好きなもの（経費にしたいもの）を教える（ヨガインストラクターなど、講師業）。
・好きなものをベースにサービスをつくる（化粧品が好きなので、同行して化粧品を選んであげるなど）。
・好きなもののコミュニティをつくる（おもちゃ同好会、月会費1000円で37人集める）。

ただし、「あなたから買う必要がある」と思ってもらうハードルが少々高いです。購入者さんから見て、「専門性はあるの？ 信用できるの？」を、先にクリアしておかないと、十分な集客が難しい（そのため、自分の人となりを事前に知ってもらうために、発信している人やお店は多いですよね）。販売導線（認知→行動→購買→利用→再購買・ファン化）を考えることや、商品企画、開発、販売、宣伝、管理などの細々とした作業が苦にならない人が向いているといえるでしょう。

良い自分業サイクルをつくる

本代を「稼ぐ」ために自分業をするのでなく、本代を「経費にできる」自分業を考えるという思考法を持つ。すると、収入の柱を組み立てやすくなります。

・本業……会社員
・自分業①……趣味に使っていた費用を投資して試行錯誤
・自分業②……趣味や好きなことを経費にできる仕事（±0円でも苦じゃない）

私の会社員時代を例に挙げると、以下のようになります。

・本業……会社員
・自分業①……（当時は）1円にもならない音声配信（ネタ集めは②の本代）、ヨガ（講座受講など、本代がかからない分投資できた）
・自分業②……本代が経費になるブログアフィリエイトやnote執筆

結果的に「自分業②」のおかげで、1円にもならない「自分業①」に投資ができ、現在は①も収益化しています。すると、①でも経費が使える（ヨガやガジェット類もコンテンツ制作につながるため、経費になる）ようになるので、今度は「自分業③」（新サービスの開発や作業外注）に投資できるサイクルが回り始めるのです。

このように、**支出を経費にする発想を持つことで、金銭的に無理のない良い循環が生まれます**（ただし、なんでもかんでも経費にできるわけではないので、税理士さんへの相談は必要です）。

皆さんも「好き」にかかる支出を経費にできる「自分業」を考えてみませんか？ おもしろい種が眠っているかもしれません。

毎月10万円になる自分業の「種」の見つけ方

第2章でお伝えしたように、**「40歳の壁」を越えた先のキャリアには、「お金」「つながり」「健康」の3つの要素が必要です。**この3つは、人間が幸せを感じる土台になるものだからです。

金融庁による報告書を発端に「老後2000万円問題」が話題になったのは、「お金」という土台をぐらつかせる話だからです。もちろん、「お金」だけでなく、長く生きるには、「健康」の土台がないと幸せではいられません。また、人生が70歳くらいで終わっていた時代には、会社や地域が「つながり」をもたらしてくれましたが、人生100年時代になると、会社や地域のつながりだけでは足りない（周りも死んでしまう）ので、人との「つながり」をつくれる力が重視されます。

個人的には、**現役時代にがんばって老後の資金を貯めて定年後を乗り切るより、「毎年**

120万円をどうやって80歳まで稼ぎ続けるか」を設計したほうが幸せになれる確率が高いと考えています。そのほうが「お金」「つながり」「健康」の3つを満たせる可能性が高いからです。

お金と時間を費やしてきたものが「種」

ここで、皆さんが知りたいのは、自分にとって「お金」「つながり」「健康」を満たす毎月10万円もらえるものは何か？ですよね。まずは10万円になる「種」を見つけることから始めましょう。

紙やノートを用意して、自分が「今まで一番お金と時間を使ってきたこと」を書き出してみてください。仕事でもプライベートでもなんでも構いません。**お金や時間を費やしたことは、必ずあなたにとって「好き」なことです。**英語、ダンス、読書、絵画、旅行、経理、営業、事務……。自分でも気がつかないうちに、知識や経験、ノウハウがたまっているはずです。

コツは、「これは自分業になる？　お金になる？」という視点を捨てることです。なぜなら、自分業になるかどうかは、自分ではなく市場が決めるからです（後述します）。

「全然思い浮かばない！」という人は、他人から「上手だね。すごいね」と言われたこと（絵がうまい、服のセンスがいい、ＰＣの入力が速い、ミスを見つけるのが早い、プレゼンで噛まないなど）を思い出して書いてみてください。

「種」がお金になるのか調べる

次に、見つかった「種」が「花」になる可能性があるかを調べます。「お金をもらえる仕事になるか」の市場調査です。

たとえば、趣味は何もないけど、経理は本業で15年やってきたという人がいます。「お金の計算は苦じゃないし、基礎知識もあるけど、起業となると無理かも」と考えます。そんなときはインターネットで「経理　個人向け　サービス」とキーワード検索してみます

▼（図14）「お金をもらえる仕事になるか」について市場調査をする。

経理　個人向け　サービスに関連する検索

経理サービス株式会社　茅ヶ崎

経理サービス株式会社

クラウドサービス　経理処理

株式会社日本経理サービス

スタッフサービス　経理

デイサービス　経理

シェアードサービス　経理

放課後デイサービス　経理

（前ページ図14）。

検索結果によって、「へー、こんな検索ニーズがあるんだ。あ！　放課後デイサービスって学童だよな。確かに学童の経理ってプロが入っているのかなぁ。民間だとどうなっているのかな」と調べたり、「今後共働きがますます増えるから、規模の小さい民間学童も増えるかもしれない。外注で経理を請け負えば仕事になるかも」と考えたりしてみるのです。

そのうえで、「放課後児童支援員の資格」「民間でよく使われている経理システム」「学童経理の不満、困っていること」などをさらに調べて、自分の持っている「時間とお金を使ったこと」に追加すべきスキルがあるなら足す方法を考えます。

ここでのポイントは「大きく稼げるビジネスモデル」がないからといって、パソコンを閉じないこと。大きな事業をつくるわけではなく、「毎月10万円、1人あたり5000円払ってくれる人が20人いればＯＫ」なビジネスモデルを探しているのです。1人あたり1000円で100人、1万円で10人、5万円で2人でもいいスモールビジネスです。

「種」を複数見つけておくと「花」になる確率が上がる

こうやって「種」が「花」になるポイントを探していきますが、必ずしもすべての「種」が花咲くわけではありません。

現在本業がある人は、今のうちから複数の「種」を探して、見つけた「種」をケアしておきましょう。

・「種」に水をやったり、肥料を足したりする……追加で持っていたら良さそうなスキルや経験を考えて資格を取得してみる。スキルや経験につながりそうなプロジェクトがあったら、無給でもいいので参加してみる。

・「種」を間引く……少しやってみて、「お金」「つながり」「健康」の3つを満たさないものは除外する。健康を阻害する、孤独な作業のみなど、条件に適さないものはやめる。

こうやって「種」を少しずつ育てておくのです。すると、老後だけでなく、子どもの不登校、パートナーの転勤など「働き方そのものを見直すタイミングが来た」「考え方や環境が大きく変わった（今回のコロナのように）」ときに花開くことがあるかもしれません。

誰もが「種」を持っている

ここまでお伝えしても、「私には『種』がない」と言う人がいます。でも、ご安心ください。ないのではありません。

それは**「種」を言語化できていないだけです。もしくは、自己分析できていないだけ。自分に「種」がないと思って探していないだけ。**

そんなときは、友人などの第三者にお手伝いしてもらいましょう。「私に『今までに一番お金と時間をかけたものは？』と質問して」とお願いしてみます。人間は質問をされると「答えよう」として脳が反応します。さらに、他人に聞かれたら「他人がわかるように言語化しよう」とします。

1人で悶々と悩むより、他者の力を使ってみてください。すると、おまけの副作用とし

て、

「〇〇にお金を使ったって言うけど、××にもよく使ってない？」

「□□に詳しいから、これに一番時間をかけているのかと思った」

といったように、「自分には見えていなかった姿」を教えてもらえたりもします。

ちなみに、私がお金と時間を使ってきたことは、「読書」「ヨガ」「時間術や効率化のライフハック」でした。仕事では、「転勤回数が多い」「さまざまな部署でいろいろな仕事をしている」「管理職経験がある」。

これらの「種」と、人に言われて自分が気づいていなかった「プレゼンスキル」「話し方がロジカル」「声がいい」を組み合わせて、音声配信のスキルを少しずつ育てています。「お金」「つながり」「健康」が重なるところを考えながら、少しずつです。これらがいずれ「花」になっていくといいなと思っています。

皆さんにも「種」はあります。今のうちから、ぜひ毎月10万円の花になる「種」を探して育ててみませんか？ いつか、それが「お金」「つながり」「健康」を持ったキャリアに結びつき、幸福度が高まるはずです。
花が開いたら、ぜひ報告し合いましょう。楽しみにしています。

「自分」を主語にしてつくる自分業①
お客さんをつくる編

私は兼業農家のような「収入の柱を複数持つスタイル」を目指しています。今のところ、大きくこけてはいない（ここがポイント。「成功しているよ！」「いくら儲けた！」などの情報はない）ので、自分業を始めようとしている、もしくは始めたけれどうまくいかない方向けに、自分業をつくっていくにあたって大事なことをまとめてみます。

では、ここでクイズです。自分業を始めるときにもっとも大事なことは何でしょうか？

ドラドラドラ……（太鼓ね）

答えは「（その自分業を）継続できるか」です。 いくら儲かりそうでも、やりたくないことは続きません。売り手があなた1人しかいないので、継続しないと事業が消えてしまいます。そのため、主語を「顧客」ではなく「自分」にして、「やりたい」「苦痛じゃない」ことにしたほうが続きます。

では、次の質問。仕事においてストレスナンバーワンとなる要因は何でしょうか？（平成26年版厚生労働白書より）

ドラドラドラ……

答えは「人間関係」です。人間関係でストレスを抱えないことが、事業を継続させるためには重要だということです。つまり、自分が「付き合いたい人」を顧客にする。自分と合わない人は寄ってこないよう自分業を組み立ててみるのです。

「顧客」ではなく「自分」を主語にする

「何か」を売るとき、多くのビジネス本は「顧客」を主語にして話が展開していきます。

しかし、1から仕事をつくる場合、「顧客」を主語にするとうまくいきません。

それではどうすればいいのか。答えは「自分」を主語にすることです。

・「顧客」が主語……「顧客」が何を望んでいるのかを聞いて、それに応えていく。
・「自分」が主語……「自分」がどうしたいかを明確にして、サービスを設計していく。

顧客を喜ばせるために「やったらいいこと」はたくさんあります。しかし、1人でスタートする場合、それらを全部やっていると、売上は上がっても負担がどんどん増えるため、ビジネスそのものを継続できません。さらに「顧客」が「自分」と合わないと、売る気も工夫もフォローもしたくなくなり、ストレスになっていきます。

有名なエステサロンのオーナーさんが、「施術は楽しいけど、お客さんの対応に疲れて、現在は施術をしていない」と話していました。オーナーになれたらそれでも問題ないかもしれませんが、そこに辿り着くまでの道はけっこう険しいですよね。

そこでまずは、「自分」を主語にして考えてみることをおすすめします。

ちまたにある「ペルソナ（顧客像）」のつくり方は、私には全然しっくりきませんでした。確かに、ペルソナとなるその人は「困っていること＝不満、不安、不便」があるのでしょう。でも、その人の不満を解決することに私は喜びを感じるのか？というと、感じない。「音声コンテンツをつくりたい人のコンサルをやったら儲かりますよ！」と言われても、私はやりません。ペルソナははっきりしていますが、私が心地よくないからやらない。

「自分」を主語にすると、顧客像として「一緒にいたい人」「ストレスなく会い続けられる人」が浮かんできます。「顧客」が主語のペルソナではなく、「自分」が主語のペルソナを考えることが大事です。

どうやって「顧客＝付き合いたい人」を探す？

次の2つの質問に答えてください。イメージが湧きやすいように、私の答えを例として挙げておきます。

【あなたが一緒にいたいのはどんな人？】

・自律、自立している人（他者に依存しない）
・自分で試す人（「できない」ではなく、「どうやったらできるか？」を考える）
・変化を恐れない人（「やってみよう」のハードルが低い）
・急に怒らない人（感情コントロールができている）
・仕事をしている人（経済的自立をしている）
・パートナーの許可がいらない人（自分の行動に他人の許可が必要な人は難しい）
・細かくない人（正確にいうと細かいポイントが合う）

こうやって列挙していくと、「私はこういう人が好きなんだ」とわかります。しかし、これだけでは成立しないので、ビジネス的観点も入れていきます。

【あなたの自分業が成り立つのはどんな人？】

・自分の収入がある人（自分のお金のコントロール権がある人）
・自己投資意欲がある人（自分のためにお金を使う意欲がある人）
・生活費ではなく、余興費として自分に予算がある人（生活費を握りしめてこられると、本来の生活を圧迫するのでよろしくない）

この2つの答えを重ねると、「自立していて、経験や学びにお金を投資する意欲のある人」が浮かんできます。

え！　これ私やん！（関西弁）

そうです。結局、私の場合は「自分と同じような人」が一緒にいたい人（＝「自分」が主語のペルソナ）なのです。自分も学びたい、変化したいと思って行動している「自分と同じような人」に何かを提供したいのです。

【私の結論】

ペルソナはちょっと前の「自分」（今の自分が知っていることを知らない、ちょっと前の自分）

「自分」が主語のペルソナが明確な場合、自分の商品やサービスを紹介する際に「○○な人に役立つ」と明記できます。同時に「○○な人には向いていない」も書きやすくなります。**発信するメッセージがブレにくくなるため、「合わない人」が寄ってこなくなり、寄ってきたとしても遠ざける基準が明確になります。**商品やサービスを売らない、断るなど、対処できるようになります。

私のヨガ（ポスパム）は、ターゲットを明確にしているので（30～40代女性。忙しい毎日に、少しでも自分のための良い習慣がほしい人）、サービス購入者のクレームが少ないと感じています。

はい。皆さんも「自分」が主語のペルソナとして思い浮かんだ人を書いてみてください！

・あなたが一緒にいたいのはどんな人？
・あなたの自分業が成り立つのはどんな人？

両方の答えを満たす人＝自分業のペルソナです。こういった人を相手にしていくビジネスを考えたほうがいいのです。なぜなら、その人があなたにとって「心地よい」「ストレスがない」人だから。それによって、継続率が高まります。

大企業のように「多くの人」を相手に「大規模な利益」を得るビジネスをしたいわけではない。そんな人こそ、自分がストレスを感じない顧客像を明確にするって本当に大事です。

「自分」を主語にしてつくる自分業②
組み立て編

付き合いたい顧客が決まったら、次は「何を」「どうやって売るか」を組み立てていきましょう。顧客に何を提供して自分業にしていくのか？です。すでに自分業の「種」はお持ちだという前提で進めていきます。

難しく考えなくても大丈夫です。これからお伝えすることを読んだら、アイデアが浮かんでくる可能性大です。**どんなものも、切り方次第で「商品」になります。**

人は「変化」にお金を払います。ビジネスは「ペイン（不満の解消）」か「ゲイン（プラスα）」で成立するといわれますが、どちらも「変化」であることには変わりありません。**あなたがどんな「変化」のきっかけになるのか？　それが商品になります。**たとえば、ライザップの場合は、「3カ月後にやせた自分に会える」という「変化」が商品です。

ちなみに私がやっているヨガは「変化」が見えにくいし、わかりにくいジャンルです。たとえば、公民館で開催されているヨガ教室に参加するとします。参加理由は「近いから」「安いから」が多くなるでしょう（公民館の性質上、単価は上げられないし、参加者も近隣住人になる）。かなえたい「変化」は「やせたい」「人と話したい」「運動習慣を身につけたい」など、人によってバラバラ。インストラクター自身も提供している「変化」をわかっていなかったりします。

つまり、「変化」が見えにくい→単価を上げにくい。逆に、**顧客に提供できる「変化」がはっきりしていると、単価を上げることができます。**

顧客が満足する「変化」とは？

先ほどもお伝えしましたが、「変化」の定義が曖昧であればあるほど単価は上がりません。単純に稼ぐのが目的なら、「変化」の定義がはっきりした高単価の業界に行くのが一番です。就職と同じですね。

ボディメイクやトレーニングは、ヨガと似たようなことをしていても単価が全然違います。同じ1時間でも1万円くらい価格が高い。なぜでしょうか？

ヨガよりも「変化」が明確だからです。そして、その「変化」が「やせたい・モテたい・きれいになりたい」など「人の欲」を含んでいます。**「変化＋人の欲」を抑えると単価が上がるし、何より売りやすくなります。**同じヨガでも、ティーチャーズトレーニングの価格が高いのは「40万円払ったら先生になれるという変化＋（先生になって）稼げる」という「変化」が明確だからです。

つまり、**「変化」を明確にしたうえで、さらにプラスの要素（人の欲、稼げるなど）を加えられると、単価が上がって売りやすくなるのです。**

どうやって「変化」を商品化するか？

商品を通じて、あなたが提供できる「変化」は何でしょうか？

【例】

ヨガならどんなヨガ？「自分調整力」を高められるセルフメンテナンスのヨガかな。自分をケアする時間がない人でも継続できる朝ヨガにするか。オンラインなら続くのでは？ 予約不要がいいよね。毎日はきついから週3回くらいかな……ということで、できた商品がポスパムの「毎朝の瞑想ヨガ」。

Aだった人がBになる。この「変化」を具体化する。定義を絞っていく。「変化」の定義を曖昧にせず、情景が浮かぶようにする。難しいのですが、そうすればするほど「刺さる」商品になります。あなたの顧客が何を求めているのか、できるだけ具体的に考えましょう。

【例①手帳をつくる】

・悪い例……毎年手帳を書けない人が書けるようになる手帳。

・良い例……毎年3月になると手帳が真っ白、書けない自分に凹んで見なかったことにする人が、夏を過ぎても手帳を書いている自分に会える手帳。

【例② 自己啓発系コンテンツ】

・悪い例……毎日憂鬱な人がイキイキする。
・良い例……毎日仕事をしながら「早く終わらないかな」と考えている人が、仕事に行くのが楽しみになる。

「変化」だけでは人は財布を開かない

顧客に提供できる「変化」を具体化する。それだけで商品が売れるわけではありません。顧客は「変化」するとき、次の3つの壁にぶち当たります。

【変化するときの3つの「壁」】

①知らない……知識がない。
②できない……やり方がわからない、PDCAが回らない、間違ったやり方をしている。
③磨けない……ブラッシュアップや習慣化ができない。

特に「②できない」は、さらに以下の3つの壁に分解できます。

【3つの「できないの壁」】

①行動できない……やり方がわからない、疑問を解決できない。
②気づきがない……PDCAが回らない、間違ったやり方をしていることに気づかない、思い込みを外せない。
③技術がない……間違いの修正ができない、間違ったやり方をしている。

顧客は、この3つの「できないの壁」を乗り越えて「できない↓できる」に変化させてくれる人を選び、お金を払います。

【3つの「変化」】

①知らない↓知る
②できない↓ぶつかっている「できないの壁」を診断↓できる

③磨けない→磨く

この3つの「変化」のどこに、あなたの商品をポジショニングしますか？ということです。

商品を売るまでの組み立て方

3つの「変化」を次のピラミッドのように組み立てて考えてみます。上に行けば行くほど「手間」がかかるし、「値段」も高くなります（次ページ図15）。

無料情報やセミナーなど、「知る」だけなら、顧客への一方通行で問題ありません。ピラミッド下部は安価な「知る＝インプットゾーン」です。しかし、「知る」だけでは多くの人は行動につながらず、成果が出ません。

そのため、もっと成果を出したいと思う人は、1つ上の「できる」へ移行します。この

▼（図15）「知る」「できる」「磨く」と進むにつれ、高単価になる。

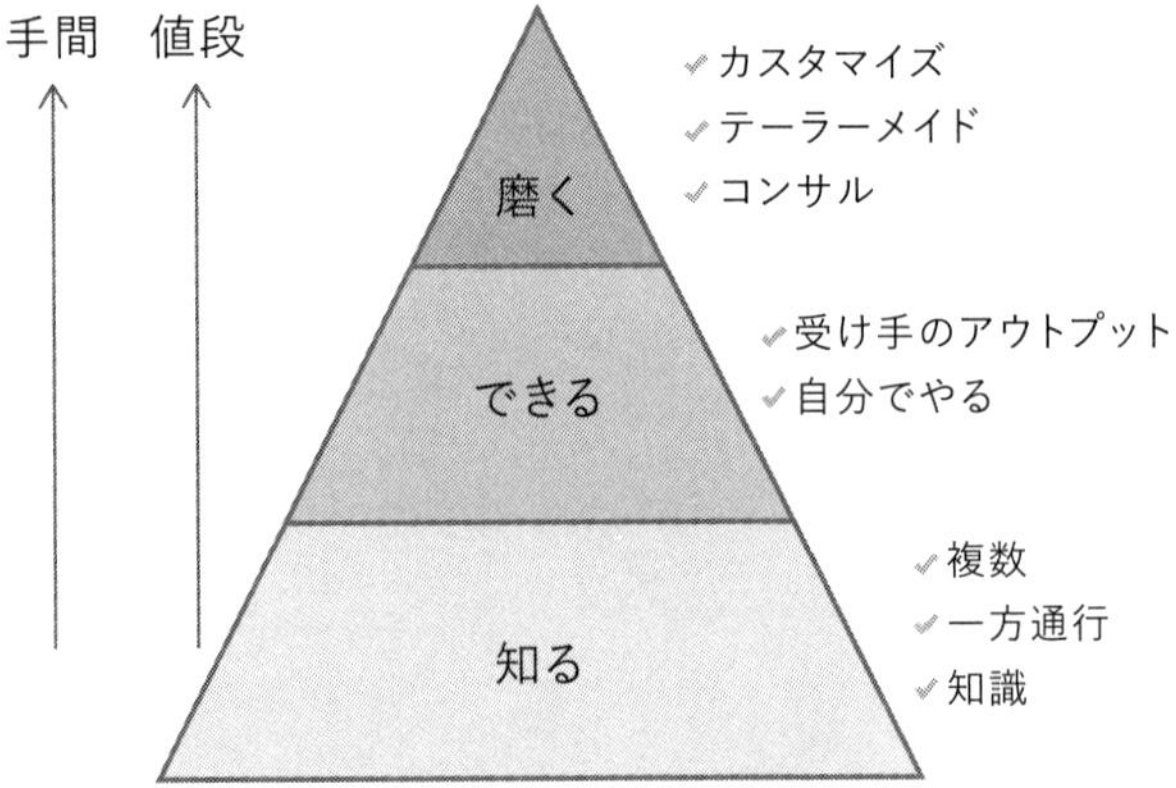

「できる」段階より上は「アウトプットゾーン」になります。ワークや課題が出たり、講師にワザを見せたりなど、アウトプットが必要になります。

「磨く」は「できる」を超えて、より「深めたい」人向け。カスタマイズされた情報や行動を求めます。

アウトプットを始めると、人は行動しながら学ぶことができるようになり、その結果「できる」ようになります。ただし、みんながてきるわけではない。できない理由を明確にする必要があります。なぜ続けられないのか？ やり方が間違っているのか？

そこに登場するのが、先ほどの3つの「できないの壁」です。

【3つの「できないの壁」】

①行動できない……やり方がわからない、疑問を解決できない。

②気づきがない……PDCAが回らない、間違ったやり方をしていることに気づかない、思い込みを外せない。

③技術がない……間違いの修正ができない、間違ったやり方をしている。

どの「できない」にフォーカスする商品かによって、対象となる顧客像が変わります（提供する側の手間も変わるので「できない」ゾーン内でも価格は変わる。5000円のものもあれば、30万円のものもある。ここがもっとも多様な商品設計をしやすい）。

では、3つの変化「知る」「できる」「磨く」のそれぞれのゾーンによって、商品の組み立て方がどう違ってくるか、例を挙げて考えてみましょう。

【例：やせたい人が越える壁】
「知る」↓太っている理由を知る、やせる方法を知る。
「できる」↓食事制限、運動する、現状の問題を知る、結果が出るまでやる。
「磨く」↓維持する、やせるだけでなく部位別に絞る、美容も始める。

【例：やせるための具体的な商品】
「知る」↓書籍やネット情報（安価）。

「できる」↓ジムに通う、ダイエットサロンに参加、栄養コンサル、ダイエットコミュニティに参加。

「磨く」↓部位別パーソナルトレーニング、脱毛、エステ。

あなたにとって心地よいビジネスをどう組み立てるか？

顧客は「知る」「できる」「磨く」の中から、自分の今の段階に合ったものを購入します。お気づきのように、ピラミッドの上位ゾーンになるほど時間と手間がかかります（手間は減らすこともできるが、初期投資やランニングコストがかかる。例：人を雇う、システムに投資するなど）。そのため、ピラミッドの上位に行くほど値段が上がるのです。

特に「できる」ゾーンを対象とする場合、3つの「できないの壁」のどこでつまずいているかを診断し、個別の対応をする必要があります（次ページ図16）。時間と手間がかかるので、1対複数のビジネスが難しい。そのため、ピラミッド下位にある「知る」ゾーンのビジネスよりも高単価になります。

▼（図16）「できる」ゾーンはどの「できないの壁」でつまずいているかを診断し、個別対応する。

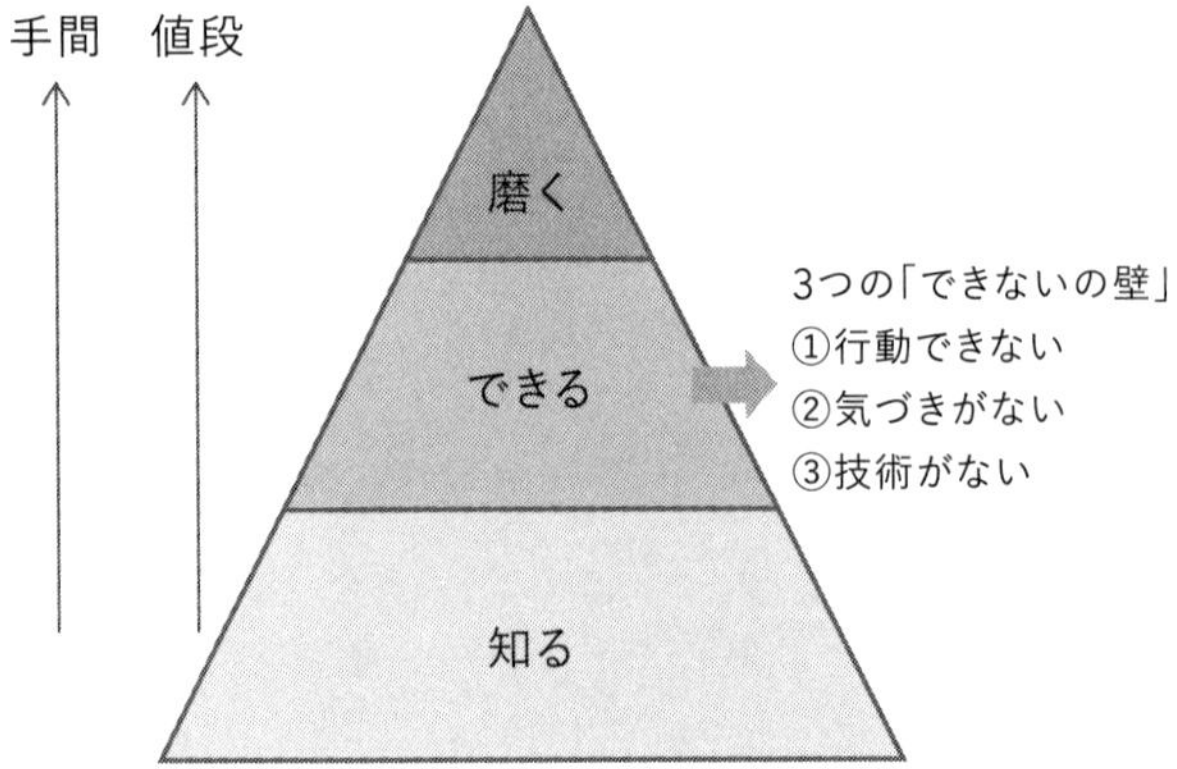

【例：知識やノウハウを商品にする場合】
「知る」→多くの人に一気に出せる情報やセミナー、書物（キンドルやnote販売）。
「できる」→顧客ができるようになるための複数回のサポートやトレーニング。
「磨く」→個別コンサルやコーチング、短期集中の講座、資格など。

ここでも大事なのが「あなたが」継続できるか？です。いくら「磨く」が高単価なので良さそうだと思っても、「顧客と直接やり取りすることが多い」のがストレスだと続きません。

「思っていたのと違う！」となる面倒なお客さんは「知る」ゾーンの商品を買っているのに、期待値が「磨く」ゾーンの人です。 提供する側が「この商品は○○な人には向いていません」と明示しておかないと、そういう人がやってきます。

購入者からのクレームが多いと感じる場合は「知る」ゾーンの安価な商品を売っているのに、「磨く」ゾーンの高価な商品を想起させる宣伝をしていることもあるので要注意です。

ちなみに、私のやっているオンラインサービス「毎朝の瞑想ヨガ」は、「知る」ゾーンの商品です。人数が多い、参加者の身体を見ない、オンラインでレッスンが一方的に流れます。スタジオヨガは「できる」ゾーン。個別レッスン希望者には「磨く」ゾーンの人もいます（図17）。

なぜ、単価が高いとわかっているのに「できる」「磨く」ゾーンをもっとやらないのか？それは、私自身がそれを「やりたいのか？」を模索している最中だからです。

実は以前、「育休中の女性向けプログラム」として「できる」ゾーンの商品（14名参加）をつくってみたことがあります。ヨガや思考分解をテーマにして、習慣化のワーク、コミュニティあり、いつでもスラックで質問可能など、「できる」ゾーンに必要な要素を盛り込みました。今でも受講者さん同士の仲が良く、素敵な機会になりました。

ただ、私自身が、この「できる」ゾーンのフォローをきちんとやり切れたのか？という不安があって、今のところ幻の1回で終わっています（やったら儲かるではなく、私が継続できるか？が判断軸となる典型例）。

▼（図17）ヨガビジネスの場合、個別レッスンが高単価になる。

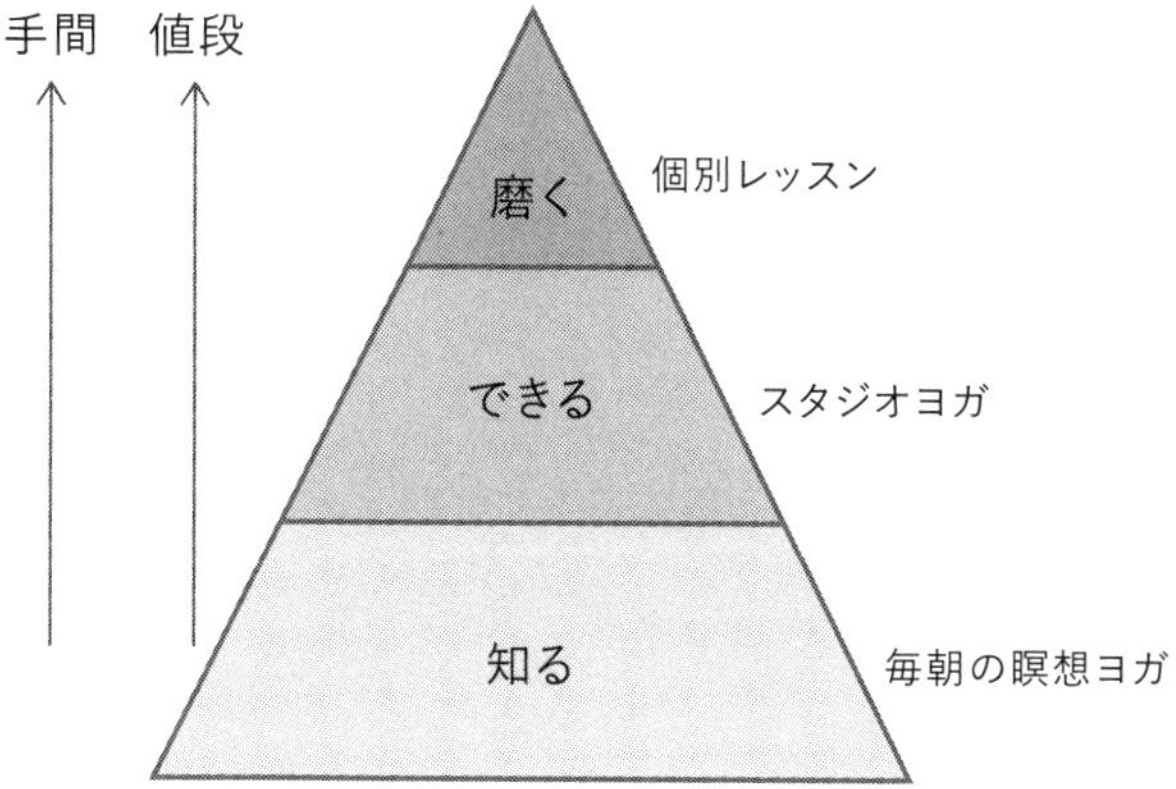

自分業なら「自分」を主語にして考えていく。すると、以下のような効果が得られます。

・継続しやすくなる。
・心地よい顧客に会える。
・ピラミッド内で戦いやすい場所がわかる。

私もまだまだ模索中です。たくさんの知識や人の経験談を聞いても、結局は「やってみないとわからない」ことがたくさんあるからです。実際に動いてみると、「自分」が主語の自分業が見えてくるきっかけになりますよ。

「自分」を主語にしてつくる自分業③
セルフブランディング編

「自分」を主語にして商品を組み立てたら、次は「あんた何者や、どんな人や？」を見せていくブランディングが必要になります。ブランディングって何よ？　個人は何ができるのよ？という話です。

現代はモノが飽和している時代。そのため「何」を買うかより、「誰、どこ」から買うかで、人はモノを選ぶといわれています。

販売する側もそれを理解していて、ブランディング込みで製品をPR（マーケティング）する時代です。ブランディングとは、販売する側が「どんな思い、物語や価値を軸にしてモノを生み出しているかを伝える活動」で、その根幹には「ブランドコンセプト」があります。

スターバックスのブランドコンセプトは「サードプレイス（第三の場所）」。ブランディングは、カップにメッセージを書く、従業員の温かい声がけ、Ｗｉ－Ｆｉの設置、居心地のいい内装などです。

最近は企業だけでなく、個人のブランディングも大事だといわれています。つまり、その人がどんな価値観を持っているか、何を大事にしているか、何をしているのかを伝える。このブランディングがうまい人ほど「代替が利かない」「唯一無二の存在」として認知されます。たとえば、社内で評価される人、インフルエンサー、複業している人、職人……。うまくいっているように見える人ほど、ブランディングができています。

「ブランドコンセプト」を見つけるための自己分析ツールや、やりたいこと探し、あなたの特徴見つけます系コンテンツ（書籍、セミナー、オンライン診断など）は人気がありますよね。

ブランディングは「浸透」が大事

どうやってブランディングしていくか？　結論からいうと、**自分業の場合は、じわじわ浸透させるブランディングが重要です。**ところが、ブランディングの名のもとで「自分の理念や特徴や売り」を押し売りしてしまっているケースをよく見かけます。

「私、すごくニッチなんですけど、こんな問題解決ができます。こんなお悩みはありませんか？　私がお力になれるんですよ。価値ありますよ」と、顧客が気づく前に言ってしまう。

スタバで「サードプレイスへようこそ！　スターバックスです」って、毎回声がけされたら「うっとうしい!!」ってなりますよね。「なんとなくいつもスタバに来ちゃう。居心地いいんだよね。え!?　サードプレイスっていうコンセプトなの！　どうりで。ふむふむ」が理想です。

「サードプレイス」というブランディングは、お客さんが「あ！　なんか居心地いいと思っていたら、サードプレイスがコンセプトなんだね」で成立するのであって、売る側が「サードプレイスだから買って」はちょっと違うのです。多くの個人はこれをやってしまう、またはやってしまいがち。でも、それではなかなか売れないのです。

財布を開いた後に「ああ、なんか居心地いいと思ったら、理念とサービスが合致しているからなんだ」という気づきがあると、本当にファンになってもらえるんですよね。いかに「この商品、サービスには価値があるか」を伝えても、顧客がそれを認めてくれなければブランディングは成立しません。

ブランディングがうまくいっている＝モテる人？

ブランディングがうまくいっている人は「モテる人」に似ている気がします。「アップル製品はクールでおしゃれ」といったイメージは、まさにブランディングが浸透した結果ですよね。

ユニクロはもともと山口県から出てきた量販店で、「とにかく安い」が売りというイメージでした。その既存イメージを、製品の質を上げると同時に著名人やモデルさんの起用、有名アパレルとのコラボ、リサイクル品の引き取りを展開するなどして、何年もかけて改善しました。「安いだけじゃない、おしゃれで機能性もある」、これもブランディング。

雰囲気がいい、センスがいい、なんとなく良さそうと多くの人が認知する＝まさにモテる人。「ようこそ、サードプレイスのスターバックスへ！」では売れぬのだ。

では、モノが売れる順番を考えてみましょう。

①顧客が「なんとなく」感じている不満がある……落ち着いてパソコンを開きたいが、なかなか適した場所がない。
②顧客が「なんとなく」解決策に出会う……スタバならPCを開いていても居心地いいな。
③気づけば「なんとなく」感じていた不満が解決している……スタバに通えば自分の居場所がある。
④リピーターになる、ファン化……「サードプレイス」のコンセプトがいつの間にか浸透している。

スタバがうまくいっている要素の1つは、店舗数が多く、「②顧客が解決策に出会う機会」が多いからです。大手はそうですよね。「なんとなく」出会えてしまう（広告含む）。そこから顧客の一部は③から④に移行していきます。

しかし、個人は「②顧客が解決策に出会う機会」をたくさんつくれません。どうしたらいいのでしょうか？

個人がブランディングとしてできること

ブランディングには、コストも時間もかかります。個人は、大企業のように場所や広告やメディアを使ってブランドを浸透させていくのは難しい。

そこで、個人は「私はこんな人です」活動をしていきます。セルフブランディングと呼ばれるものです。自らをメディア化し、プロモーションしていきます。力を持たない個人は「認知度の獲得」を地道にしていき、「②顧客が解決策に出会う機会」を増やしていくしかない。

セルフブランディングは手軽にできます。そのため多くの「個人でモノを売りたい人」はやっています。具体的には発信活動です。ブログやnote、ＳＮＳなどで発信しながら、つながる人を少しずつ増やしていきます（一般人で、発信をやらなくてもスモールビジネスがうまくいく人は天才だと思う）。

ここで大事なのが、セルフブランディングとは「つくられたイメージを出していく」ことではないということ。ありのままの自分から出る「価値」で勝負するしかありません。

セルフブランディングの本質は「自己理解」

ブランディングと称して、私生活の写真をアップしたり、飲食風景を見せたり、自分のイメージ向上を全開にしている人がいますが、あなたはこういう人から何かを買いたいですか？

経歴、〇〇ができます、こんな実績があります、あなたの悩みを解決できます、困っている人を助けたい、こんな生活ができます、こんなものが買えます……。

これでは、イメージやキャラをつくって売り込みをしているだけ。セルフブランディングがうまくいかない人の多くは、すごい人と思われたい、思わせたい（虚栄心）、そのために発言にブレがある（偽っている）人です。

セルフブランディングは、「（他人から見た）自分の魅力や価値を自分で理解していること」がベースになります。それらを発信しながら自分の価値を高めていく。自分を「別の素晴らしい何か」につくり上げていくことではないのです。

発信していてどうもしっくりこない、うまくいかないという人は、自己理解不足です。あなたが提供できる価値を見誤っていたり、周りの人が思っている人物像と発信内容がずれていたり、市場に無理に自分を合わせようとしたりしています。**一貫性のある発信は、自分の魅力がわかっていないとできません。**

では、自分の魅力って何でしょうか？　自分が提供できる価値や思いとは何でしょうか？　スタバは経営層からお店の従業員さんまでが、ブランドの魅力、方向性、価値を、共通認識として持っているから、どの店舗も「同じような色合い」「内装」「店員さんの声がけ」が統一できるんですよね。

セルフブランディングは軌道修正しながら

セルフブランディングに沿った発信をコツコツやっていくと、気づいたら集まってほしい人だけがやってくるようになります。ありのままの自分が提供できる価値に「共感」し、「信頼」してくれる人々です。やることは、次の2つを決めるだけです。

①自分は何を持っているのか？ 何を伝えたいのか？
②誰にどんな手段や方法で伝えるのか？

やりながら軌道修正していけばいいので、とりあえず仮にでも決めて動くことが大事です。ちなみに、私の場合は次のものになります。

①ワーママとしての日々のモヤモヤや試行錯誤（キャリア、子育て、共働きのライフハック）の経験があり、過去の自分にそれを伝えたい。

②X、note、インスタ、Voicyで発信する（厳密にいうと、刺さるポイントで分けている。Xは「それそれ！」と言いたくなる系、noteは思考の見える化、インスタは読書の知恵、Voicyは話すからわかる共感系）。

書くと簡単に見えるかもしれません。でも、少しずつ軌道修正（苦悩も公開する、悩みや考えたことも出す、フォロワーさんから搾取することはしない、企業案件を受けないなども、私なりのセルフブランディング）しながら、信頼を積んできたつもりです。

自分を偽らず、提供できる「価値」を発信し続けて、コツコツ（感覚としては1年以上、直接的なリターンはなくても発信し続ける。広告費やコストを払っていないのだから、時間を使って育てる）発信していくとどうなるか？　気づけば周りに人が集まり、自分業ができるようになっています。

ちなみに、私はヨガもプレミアムVoicyもnoteも「あなたの悩みを解決します」「こんな経歴があるから買ってください」なんて売り方や見せ方を1回もしたことがありません。が、買ってもらえています。これはフォロワーが多いからではありません。**フォロワー数**

が多いだけで売れるわけではない。セルフブランディングをしてきたことが響いています。

ピーター・ドラッカーは「マーケティングはセリング（売る行為）を不要にすること」としています。「売れる仕組みづくり」ですね。では、ブランディングとは何でしょうか？ブランドを認知、連想してもらうことで「売れ続ける仕組みづくり」をすることです。マーケティング担当、プロダクト開発担当、広報担当など、さまざまな役割を1人で同時にやるのは無理ですよね。

でも、「セルフブランディング＝売れ続ける仕組みづくり」が、これらの役割を果たしてくれます。この仕組みは複利の力で大きくなっていくものなので、早く始めれば始めるほど効果的です。

弱きものは「知恵」を使って、継続できる仕組みづくりをがんばるしかない。皆さんは、セルフブランディング、していますか？

第5章

―

「40歳の壁」試行錯誤とその先の変化

「40歳の壁」は「小1の壁」とともにやってきた

ここまで読んだあなたは、あなたなりの「40歳の壁」の越え方がだいぶイメージできてきたのではないでしょうか。同時に、誰かの体験談を見てみたいと思い始めたはず。

そこで、この章には、私が実際にどのように「40歳の壁」の存在を察知し、どう向き合って行動してきたか、具体的な試行錯誤をまとめてみました。トライアンドエラーを繰り返した2年間、その結果得た「変化」を、失敗も含めて丸ごとお伝えします。皆さんの行動のヒントになれば幸いです。

「小1の壁」の実体

2019年、私は新卒で入社した外資系企業で勤続15年目、ワーキングマザー歴6年目になっていました。当時3歳になった次男はオムツがほぼ外れ、長男も小学校に上がりました。「そろそろ仕事にギアを入れるタイミングかも」と思っていた矢先にドーンと来たのが、いわゆる「小1の壁」。

「小1の壁」とは、「子どもが小学校に上がると保育園時代に比べて、仕事と子育ての両立が困難になること」を指します。

保育園時代と違い、延長保育や土曜保育はなくなり、夏休みなど長期休みのフォローも必要になる。また、小1までには多くの企業の時短勤務が終了。かといって、子どもが小学生になった途端に何でもできるようになるわけではないため、心配は尽きない……。

共働き家庭の多くは、この「小1の壁」にぶつかります。まさに、当時の私もバッチリ直面していました。

わが家は、平日は私が育児を担当、いわゆるワンオペ育児でした。朝7時半に家を出て、19時前に帰宅。21時に寝るまで2時間しかないものの、2人とも保育園に行っていた頃はどうにかやりくりできていました。

なぜなら、やることが全部「お世話」だから！「ごはん、風呂、寝る」のお世話だけで、どうにか母子の生活は回っていたのです（お世話の合間に洗濯、掃除、調理などの家事をする）。

第1章でも触れましたが、**「お世話」の強みは、外注が可能だということ。ベビーシッターさんや祖父母など、親以外でも代わりにできます。**しかし、長男が小1になって「学業」が始まると、そうはいかなくなってきました。

・毎日の学校の宿題確認（親のサイン込み）。
・習い事の送迎。
・学校での出来事を確認する（本人から聞き取り）。
・連絡帳で明日の準備物を用意する（工作の材料など）。
・先生とのやり取りを連絡帳で確認する。
・行事に必要なものがないかチェックする。
・息子の話を聞いてやる（重要）。

「お世話」に加えて「学業＋心のフォロー」にも神経を使うようになり、精神疲労が半端ない。保育園時代とは比べものにならないくらいです。

しかも、**「学業＋心のフォロー」は毎日定点観察してくれる大人（多くは親）が必要。同じ人が継続的に見ていたほうが把握しやすいし、子どもも自分の話は「親」に聞いてほしいんですよね。**

「学業＋心のフォロー」の任務が重くのしかかり、まるで「帰ってからも仕事が待っているような気持ち」になってしまう。加えて次男（2歳児クラスの保育園児）もいる……。

第一子出産後より私が年を取って体力が低下していた（32歳→38歳）のもありましたが、年々楽になると思っていた育児が楽にならない。第一子出産後の「ワーママ第一の暗黒時代」（拙著『やめる時間術　24時間を自由に使えないすべての人へ』を参照ください）に次ぐ「ワーママ第二の暗黒時代」の到来でした。

ワーママ的働き方の岐路に立つ

「小1の壁」の前で右往左往していたら、実はその後ろにもう1つの壁があることに気づきました。そう、「40歳の壁」です。

・子どもの放課後や長期休みの預け先、平日の子どものフォロー時間不足など、「小1の壁」でぶち当たっている問題の多くは、私の働き方が固定化されているから起きているのではないか。
・「乗り越えたい！」とポジティブな気持ちになれないのは、私の内側からのなんらかのサインなのではないか。
・たまたま「小1の壁」で露見しただけで、そもそも「40歳の壁」として働き方を考える必要に迫られているのではないか。

職業人生が80歳まであるとしたら、残り40年は「どう働きたいのか？」、そろそろ考えなければいけない時期が来ていると感じました。

当時勤めていた会社は、いろいろな部署に異動ができて、飽き性の私でもキャリア形成を楽しむことができました。しかし、子どもを産んでからは、保育園などの問題で転勤を伴う異動がかなわないことが多く、キャリアの停滞にモヤモヤ……。このままの働き方では、今後10年以上、育児とキャリアのバランスについて悩むことになります。

解決するためには、働き方を変えるのか？　働き方を変えずにどうにかやり過ごしていくのか？　パートナー（夫）が、私の負担を担うという手はないのか？

何度か夫婦で話し合ったのですが、夫の職業におけるシフトダウンは退職しかありません。彼は「君が仕事をするのも辞めるのも好きにしていいけど、自分は職場も職業も変えるのは厳しい」と言い、議論は平行線のまま。必然的に迷える私が「選択」を迫られました（ここは賛否両論ありそうですが、わが家は夫の辞めない選択を尊重しました）。そうなると、私は自分を変えるか、自分を取り巻く仕組みを変えるしかありません。

①勤務時間が短い職業に転職する。
②仕事を辞めてしばらく家庭に入る。
③自分で仕事を始めてみる。

どれがピンと来るのか？

現状の仕事に不満はなくても、キャリア停滞のモヤモヤが改善しないことは明らかです。このまま働き続けても、問題の先送りをするだけ。半年後も同じことを言っているのが目に見えていました。

なぜなら、前回の「ワーママ第一の暗黒時代（第一子育休直後）」と違って、「ワーママ第二の暗黒時代（第二子育休直後）」は、**「40歳の壁」がすぐ後ろに迫っている気配があり、「今をとりあえず改善、もしくは効率化すれば解決する」という未来が見えなかったからです。**子どもの「お世話」だけなら、外注や効率化でどうにかなってきたのですが、

・子どもの「学業＋心のフォロー」（小1の壁）
・80歳までの自分のキャリア構築（40歳の壁）

この2つを視野に入れると、その場しのぎの対応では解決しない。**解決してくれるのは「私自身の選択、決断、覚悟」、この3つだけだと思いました。**

キャリアの方向変換をした先輩たちに会ってみた

「私自身の選択、決断、覚悟」をするために、実際にワーママになった後に退職し、自分の道（転職、自営など）へ進んだ何人かとお会いして話をしてみました。

・せっかく長年勤めてきた会社なのに辞めるのはもったいない。
・収入は減ったけど、時間が増えるから楽しいよ。
・毎日会社に行かないから、自己管理が大事。
・子どもといる時間は確実に増えた。
・病気になるのが心配。
・稼ぎをコントロールして税金負担が減った。

ご意見は多種多様！　結局は自分の視点の持ち方次第だと感じました。会社員だろうが、自営だろうが、ワーママだろうが、独身だろうが、「コップに半分入った水」を見て「半分もある」と思うか、「半分しかない」と思うか、人によって違うという世界なんですよね。

会社員を辞める場合の不安を言語化してみた

私は会社に所属することで、自分の社会における存在価値を感じてきました。会社で築いてきたキャリアや人的資産もあり、これが消えるのがもったいない（辞めたら、現ポジションに1年後に戻りたくても戻れない）という気持ちもありました。

会社員が会社を辞めるかどうか悩む原因の多くは、「現状維持バイアス」です。現状維持バイアスとは、「未知なもの、未体験のものを受け入れたくないと感じ、現状のままでいたいとする心理作用」のこと。

現状そんなに困っていないけれど、新たなことにチャレンジしたら、より良くなる可能性がある。でも、今より悪くなる可能性もある。それならこのままでいいや、というものです。

大きなきっかけ（給与、人間関係、ポジション、ハラスメント）がない限り、現状から抜け出す勇気が持てない。特に日本の新卒一括採用、就職氷河期を経験した身としては、「元の職場に戻れないけど、辞めていいのだろうか？」という不安がありました。

そこで、現状維持バイアスを打破するために、自分の中にある不安を分解してみました。すると、大きな不安は「収入減」と「自分のビジネス（自分業）をつくれるのか」の2つでした。

①収入減

私はもともと本業しか収入経路がなかったため、収入がなくなるのは大きな不安要素でした（夫婦別会計なので、家計負担が一定額ある）。しかし、2018年頃から副業を始めていて、本業以外の収入の目処がついてきていました。そのため「当面はそちらをがんばってみるのもいいのでは？」と考え方が変わってきました。

「副業収入が本業の収入を超えてから退職するべきだ」という意見をよく耳にしますが、「ワーママで毎日1時間半程度しか副業できない」私には、本業を辞めない限り無理だなと薄々感じていたからです。

そこで、最低生存月額（経済評論家の上念司さんの用語）を計算しました。最低生存月額とは、私が生きているだけでかかる毎月のお金のことです。

私の場合は「保育料、食費、通信費、子ども被服費など」で、月に20万円ほどの負担があるとわかりました。そして、もし会社員を辞めても、現在の副業や貯金で2年くらいは最低生存月額を確保し、生きていけることも判明しました。それによって、不安が1つ解消されたのです。

②自分のビジネス（自分業）をつくれるのか

私はかねてより、定年を迎えない人生のひとつとして「ヨガを教えることや文章を書くこと」などで、自分のビジネス（自分業）を持ちたいとぼんやり考えていました。ただ、「ずっと会社員だった私にできるのか？」という疑問がいつも頭の隅にありました。

そんなとき、脱サラした先輩たちに「逆にアラフォーの今だからできるのでは？」と言われて「ハッ！」としました。「60歳で新たな仕事や自分のビジネスにチャレンジするほうが難しいよ」とも言われ、その言葉が胸に刺さります。

そこで、「やりたい」「試行錯誤したい」という気持ちの源泉がある今のほうが、失敗からのリカバリーもしやすいとマインドセットし直しました。そして、アラフォーから数年試行錯誤してみて、「やっぱり会社員がいい！」と思ったら、会社員に戻ることにしたのです。

会社員を辞めるまでの思考の変化

大前提として、私は会社員時代の仕事が好きだったのです。モノを開発する企業勤めだったので、「この製品によって多くの顧客が幸せになる未来」に貢献していると思えたし、ホワイト企業で待遇も良い。2回育休を取っても、キャリア形成できる道が残っていました（ただし、転勤が必要）。

ところが、子どもを産んでワーママになり、それまでの社内的マジョリティ（転勤辞令も受けてバリバリ働く）からマイノリティ（保育園のお迎え時間を含め、子どもの都合によって会社の要望通りに動けない）になり、私の考えも変わっていきました。

特に「40歳の壁」の到来で、強制的に「40歳以降の働き方」を深く考えるようになりました。

いくら待遇が良い仕事でも、仕事の内容や量や時間にコントロール権がないのはつらい。年を取るほど思うように働けないことも増えるはず。それなら、ライフイベントに合わせて、**働き方のサイズを適宜変更できる仕事へとシフト**していったほうがいいのではないか。そろそろ舵を切り直す時期なのかもしれない。

そんな考えが、次々と頭に浮かびました。加えて、そのときの私はこんなことも感じ始めていました。

・会社のメンバーと話してもおもしろくなくなった（話が合わないと感じる）。
・今の業務が将来につながると感じられなくなった（このままがんばって元のマジョリティ的な働き方に戻りたいわけではなくなった）。

・発信業によって周りにいる人が多様化し、会社員以外の働き方もできそうな気がしてきた（さまざまな生き方のモデルケースが増えた）。

ああ、これはもうタイミングが来たのだ。そう思った私は、2019年末に上司に退職の意思を伝えました。

会社員を辞めて何をするのか

会社員を辞めて手に入れたかったのは「試行錯誤する時間」です。そこで、**「40歳の壁」と向き合うべく、1〜2年間サバティカルタイムを取ることにしました。**

「サバティカル（英：sabbatical）」とは、使途に制限がない職務を離れた長期休暇のこと。これまで、時間がなくて思う存分できてなかった、ヨガ、執筆、ものづくりなど、やりたいことを学びながら実施することにしました。

なぜ、1~2年間にしたのか?「サバティカル休暇制度」が取り入れられている企業(パートナーの海外駐在帯同や介護、大学院進学などを理由に認められている)の多くは、期間を1~2年としているからです。

このことから、「2年を超えると会社員として復帰は厳しいと社会は思うのか」と気づき、同じ期間を自主的に取得してみることにしたのです。

いきなり退職するのはハードルが高いと思うので、万人に通用するやり方ではないかもしれません。そのため、保険をかけることにしました。

私が勤めていた会社には、直近2年間で一定以上の評価があった場合、退職後5年以内なら再雇用するという制度がありました(就労条件は変わる可能性あり)。そのため、退職の意思を上司に伝える際、「この制度を使って会社に戻る可能性もある」と話し、契約書を交わして退職しました。こういった保険があると、ちょっと安心ですよね。

調べてみると、会社には意外といろいろな制度があります。サバティカル休暇はないか?辞めるなら戻る制度はないか?など、情報収集してみるのがおすすめです。

制度がない場合は、在職中に何か資格を取得しておくなど、個人で代わりの保険を用意するのもいいのでは?と思います。
あとは、現役のうちに転職市場から自分の評価を受けておくことも大事。「今辞めても再就職できるのか?」を知っておけば、精神的な安定につながります。

こうして私は、会社員に戻りたくなったら戻るかもしれないし、そのまま個人で働くかもしれないという2つの可能性を頭の隅に入れながら、65歳以降の定年のない人生のため、サバティカルタイムを取って少しずつ経験を積んでいくことに決めました。

1人で仕事していくなら考えたい方向性

サバティカルタイムに入ってから、「何が仕事として成立するか」「何が収入源になるのか」「何が経費になるのか」などがわからなかったので、とりあえず、お金のことは考えずにいろいろやってみることにしました。

2020年4月の退職時点での毎月の収入は、noteマガジンの売上が十数万円くらいでした。「ヨガを教えるのもいいし、もっと文章を書いてみるのもいい。毎月5万～10万円くらいの収入が得られるチャレンジを5～6個、2年くらいかけてやろうかな」と考えていました。

しかし、コロナの影響でいきなり学校が休校になり、4月後半～6月くらいまでは、新規活動がストップ（涙）。その後、学校が再開し、自分の時間が戻ってきたところで私も仕事を再開。オンラインヨガを始めてみたり、Voicyにスポンサーがついたり、頼まれて寄稿したり、記事を書いたりしていたら、いろいろな仕事につながっていきました。

意図的にマネタイズしたというより、いろいろなところにまいていた種が実ってきた感じです。時間ができた分、集中して種に水をやったり（書籍の企画書作成、HPの再構築など、会社員時代は時間がなくてできなかったことが進む進む）。その後、ヨガスタジオをオープンして、スタジオでヨガを教え始めたりすると、事務作業を含めて「やること」がどんどん増えていきました。

その結果、「全部自分でやっていると……休む暇もインプットする時間も全然ない！」と焦り始めます（当たり前）。1人ブラック企業です。事務作業を含めて、「自分に向いていないことは人に任せないと忙殺される！」と学びました。

2020年秋頃から、売上が上がり始め、1人の忙しさを含めて「事業を大きくするのか（=人を雇用していく）、1人でやっていくサイズにするのか（=仕事を減らす）」考えなければいけないと実感しました。

ここまでの半年間で、私は性格的に、会社をつくって「大きくしたい」「社会的に影響のある価値を出したい」「雇用を創出したい」というタイプではないと薄々気づいていました。それよりも、自分がすべてを見渡せる範囲の仕事量で、かつお客様と一緒に歳を重ねていくようなビジネスをしたいな、という感じです。

とはいえ、ある程度の売上があるなら、個人事業主よりも法人のほうが社会的信用はあるし、税金上のメリットもあります。会社にするのか、1人でやっていくのか、新たな問いの登場です。

どんな自分業のあり方を目指すのか?

(株)キッズライン代表の経沢香保子さん(上場経験あり)は「自分のやりたいことをやる規模感」として、年商1億円、社員2~3人、社長の給与2000万~3000万円の会社を目指すことをおすすめされていました。

年商1億円の会社を目指すなら、社員を3人雇った場合、人件費が年間600万円×3

人。ただし、社会保険や福利厚生費がかかるので、その倍のコストを計算しておきます。年収600万円なら1200万円。

・人件費……3600万円（1200万円×3）
・商品コストや経費やその他……3500万円前後
・社長の給与……2000万〜3000万円

年商1億円なら、社長含めて社員4人で1人あたり年間2500万円の売上。1カ月で約200万円程度の売上が必要です。つまり「200万円の売上を稼働日20日で出せる商品」をつくる必要がある。毎日10万円、もしくは月に50万円で4つ、月に200万円で1つ売れるような商品は何か？

法人化して事業をしていくなら、こんな考え方をしてみてはどうかと書籍（『自分の会社をつくるということ』経沢香保子著、ダイヤモンド社刊）に書かれていました。

これは「事業をつくりたい」「経営者になりたい」人への提案です。私のやりたいことではありませんが（今は会社を経営したいわけではない。試行錯誤して当たるところを見つけたい）、事業を組み立てる方法としては現実的です。

従業員を雇わない「1人社長」のやり方は、『社員ゼロ！　きちんと稼げる「1人会社」のはじめ方』山本憲明著（明日香出版社刊）という書籍に細かく掲載されていました。粗利（売上から原価を引いた額）を「役員報酬4割：経費4割：利益2割」に配分するやり方です。粗利が年間1000万円なら、「役員給与400万円、経費400万円、会社に留保するのが200万円」規模の会社になります。

こうやって分配の割合を決めておくと、必要な収入に応じて年間の売上をコントロールできるし、経費を使いすぎることもありません。ストレスが少なく、継続しやすい。この考え方もおもしろいですよね。

1人でやるならレバレッジを意識する

2つの例を並べましたが、今のところ私は「1人社長」路線です。1人でやっていくためには、レバレッジ（他人資本を使うことで自己資本に対する利益率を高めること）を効かせることが重要だと考えています。

1人で収入を得ようと思うと、会社員と違って使えるものや看板がない。最初は時間もお金もかかり、必要なリソースはだんだん減っていきます。しかし、筋トレと一緒で、試行錯誤していくうちに筋肉がついて、重いバーベルも少ない労力で持ち上げられるようになる。筋肉（収入を得る力）もついてくるようになる。その余裕が生まれてきたら、「レバレッジ」を意識してみます。

・お金のレバレッジ……売上の一部を新たな事業に投資する（未来への種まき）。
・人のレバレッジ……不得意なことは人に任せる（体力や思考力の確保）。
・時間のレバレッジ……できるけど時間がかかることは外注する（メインに集中）。

1人でやると上限が決まってしまうことを、時間や思考力を確保するために外に出していきます。これによって自分のリソースを最大限使えるようになるし、未来への投資にもなる。現在は、なんでも自分でやってみるフェーズから、このレバレッジのフェーズに移行しているため、外注や業務委託、ＩＴツールを取り入れて仕事をしています。

「やらないこと」を決めるのが大事

独立後ははじめての経験も多く、失敗も多いし、困ってしまうこともあります。でも、壁にぶち当たっていろいろ考えたことは、血肉となって残ります。

「失敗の要因」を知れば次に生かせるし、経験したうえで「やりたくないこと」を除外していくと、事業の方向性が決まっていくと感じています。

私は「やりたくないこと」を決める際、「時間」と「量」の２つの側面から検討するようにしています。

①時間から考える

私の場合、家庭と仕事のバランスを考えると、子どもが小学生のうちは、彼らと一緒に過ごす時間の優先度が一番高いです。そのため、いくら次の仕事につながりそうだとしても、夜のイベントを受け続けると、「子どもに早く寝てほしいと思ってしまい、落ち着かない」「子どもとゆっくり遊べない」とストレスがたまっていきます。

はじめは、夜の時間帯のイベント登壇の仕事も引き受けたりしていました。しかし、そのためにシッターさんを手配し、家族と過ごす時間は減り……となると、何のために独立したのかわからなくなってきます。そのため、現在は夜の仕事は減らしています。

②量から考える

単発での仕事は「1回だけ」「チャンスだし」と「やったらいいこと」が満載。「次はもうないかも」と思って受けたくなるんですよね。

しかし、実際にその仕事を請けると、メールのやり取り、Zoomでの打ち合わせ、書類のやり取り（お金をいただく場合は請求書発行なども）、スライド作成など、それにまつわる作業にも時間がかかります。

すると、ルーチンでやっている朝のオンラインヨガ、Voicy収録、note執筆などが遅れていき、本来大事にするべき仕事の質が下がってしまうことが経験上わかりました。そのため、最近は単発のお仕事はほとんど受けていません。

「やらないこと」を決めることは、自分で仕事のルールをつくることです。**せっかく自分業をつくろうとしているのだから、どんな働き方をするのかは自分でデザインしていく。**「やったらいいこと」をやっているほど、人生は長くないのです。

ストレスを感じる人ともつながっておく価値

会社を辞めてから、本当に人間関係のストレスがなくなりました。社内でのもめごとは特になかったのですが、人間関係の調整を無意識にやっていたのだと実感しています。サバティカルタイムを自主的に取ってから、仕事だけでなく、人間関係も整理されていきました。好きな人、仕事が進めやすい人、気が合う人……と、日常的に関わる人もどんどん厳選されていきます。快適な反面、自分がコミュニケーション下手になっていく気もしています。

・快適な人としか付き合わないことへの不安……考え方が似た人しかいなくなる。快適だが、批判的、多様な視点を得る機会が減る。
・仕事のダメ出しをされる機会が激減……1人仕事には苦言を呈する人がいない。仕事の評価は次の仕事依頼＝次が来ない仕事は切られて終わり。

ドロップボックスの共同設立者兼CEOのドリュー・ヒューストンが、2013年にマサチューセッツ工科大学の卒業式で、**「あなたは周りにいるもっとも近しい人『5人』の平均になる。皆さんのもっとも身近にいる5人は誰か？」**という言葉を残しています。

人は会話、思考、知識などのレベルが合うから「一緒にいて楽しい」と感じます。一緒にいても話が合わない人とは、そもそも一緒にいません。積極的に付き合おうとはしない。**そのため、自分を成長させてくれるような人は、待っていても「周囲5人」に入ってこないのです。**

ドリューは、「理想の自分になりたいなら、自分にちょっと負荷がかかるような（自分の理想をすでに体現している）学びのある人たちと付き合いなさい」と言っているのです。

私もついつい、付き合うのに快適な「周囲5人」は、自分とレベルが合う人にしてしまいます（楽しいからね）。でも、ずっと固定されているわけではありません。時間とともにメンバーが入れ替わっていきます。

ストレッチゾーンにいる人と関わる

自己成長に伴い、「なんとなく今までいた集団と合わないな」「これまで楽しいと思っていたメンバーとの会話が噛み合わないな」と感じたら、レベルが上がったサインです。そのタイミングで付き合う人々が変わっていきます（ここでいう「レベル」とは、レベルが高いから人間として優れているという意味ではありません。仕事や学び、やっていることの深度の「レベル」として捉えてください）。

ポイントは、**まず自分が変わってから「周囲5人」が入れ替わるということ。**そして、その平均が自分になるのです。同質的な人とだけ一緒にいても、自己成長はありません（次ページ図18）。

独立してから最近感じているのは、「人間関係を選べる分、快適な人とばかり一緒にいないか？」「ちょっとチャレンジが必要な人（ストレッチゾーンにいる人）を遠ざけていないか？」です。

▼（図18）ストレッチゾーンにいる人と意識的に関わることで成長できる。

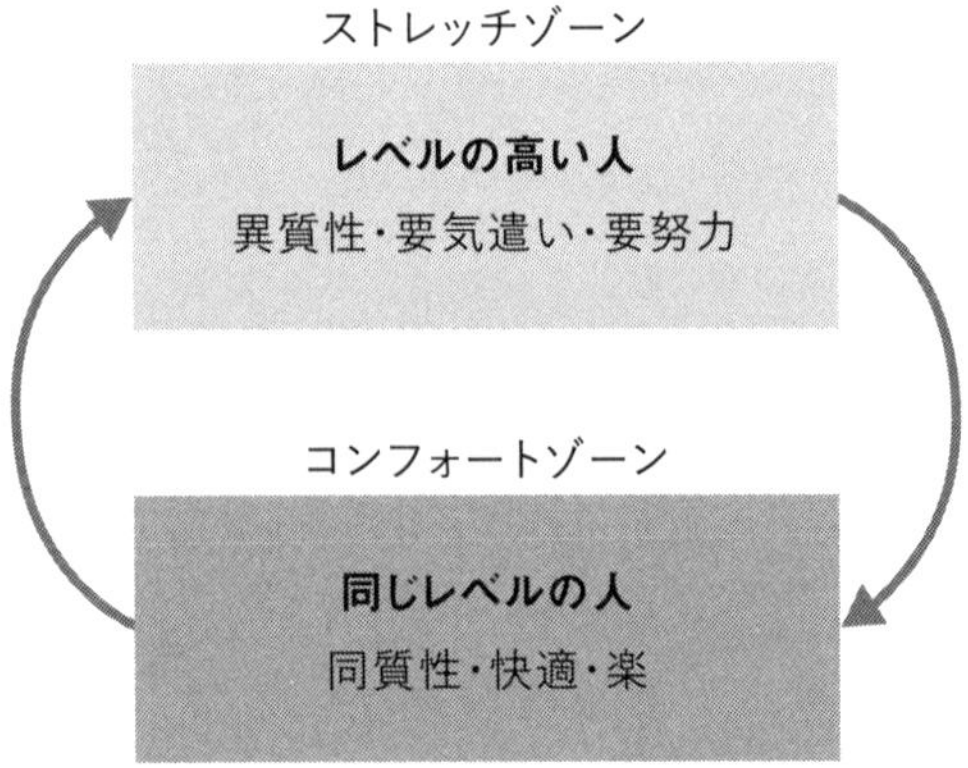

好きな人とだけ関わることができるのは、一見良いようですが、阿吽の呼吸が通じる人間関係ばかりになると、

・コミュニケーションスタイルを多方面に合わせる。
・相手のレベルに合うような知識を修得する。
・視座を上げる会話に必死についていく。

という機会は得られにくくなります。

私は「話の運びがうまい」「誰とでも会話をスムーズにできる」と言われることがあります（本人はそう思っていない）。これはひとえに、会社員だった16年間で、いろいろな年代、ポジションの違う人たちと話したり、交渉したり、視座を合わせに行ったりして培われた「基礎力」によるものだと実感しています。そして、この「基礎力」は「好きな人」「心地よい人」との会話だけでは身につけることができなかった、とも理解しています。

強制的にストレッチゾーン（自分とはレベルが上下左右異なる人々）と関わってきたおかげなのです。

独立してから周りにいる人々

第2章にも出てきたダンバー数（人間がスムーズでかつ、安定的な社会関係を維持できる上限人数）は、30～150人とされています。実は、この150人にも親密度によって階層があります。

・第0階層（3～5人）……親密な関係、お金の貸し借りから困りごとまで話せる
・第1階層（12～15人）……月に1回程度会うような親密な関係
・第2階層（45～50人）……距離はあるが、知り合いと認識している関係
・第3階層（150人）……友だちの限界

第0～第1階層は、先ほど挙げた「周囲5人」のメンバーが所属する階層になるでしょ

う。独立して自分で仕事をする場合、この階層に入る人を選ぶことができます。

独立して2年経ち、この階層にいる人たちを見渡してみると、人格的にも気が合い、コンテクストを読む必要も特になく、気楽にお付き合いしてくれる人ばかりです（感謝）。

そのため、自分のコンフォートゾーンは広がり、ストレッチが必要なコミュニケーションは減っていると感じています。

ストレッチゾーンにいる人に見えている世界

こんな私でも、時間を取ってもらうのが申し訳ないような方からお誘いをいただくことがあります。実は、こういったお誘いがとても苦手な私。つい断りたくなってしまいます。

ストレッチゾーンに入る会話をするので、相手がいわゆる「すごい」人ほど疲れてしまうのです。会話についていけるか？（私が思う）レベルの低い話をしていいのか？と不安になってしまう。

この「自分が疲れるのが嫌だから」「自分が楽したいから」という思考は、コンフォートゾーンにい続けたい人の心理です。しかし、この考え方ではどんどん人間関係が狭くな誘いもありがたく受けるようにしています。

先日、とある事業家さんとお話ししました。大先輩なので、私のやっていることに、遠慮なく質問や指摘が入る。そのたびに、ハッとしました。

私と同じような経験や視座では見えないものが、ストレッチゾーンにいる人にはバッチリ見えている。見えているから「問い」が立ち、その「問い」に答えられない私は、思考がストレッチして新たな行動（改善や情報収集）へと向かう。

自分にとって快適な人に囲まれていると、「それで大丈夫？」「それっておかしくない？」という視点を持ちにくいのです。コンフォートゾーンにい続けてしまう自分に喝を入れられた気分でした。

一方、私がその方に差し出せるものは何もないと思っていたのですが、愛用している家電・ホットクックを使った料理の話や家事外注の話は重宝されました。

私にとってストレッチゾーンにいる人でも、その人にとっては私がストレッチゾーンにいる部分があり、お互いに情報のやり取りが行えそうだと「会いたい人」として認定されていくのかも、と気づきました。

会うのがおっくうでも会うべき人

ストレスを感じる居心地の悪い人は、自分を成長させてくれる要素を持っています。

【私的ストレッチゾーンにいる人】

・私のやりたい分野での知見がある。
・私の知らない経験や情報を持っている。
・結果が出ている（成功体験がある）。
・私より視座が高い。

会社勤めをしていたり、多くの人と関わる仕事をしていたりすれば、会うとストレスを感じる「ストレッチゾーンにいる人」とも付き合うチャンスが増えます。
独立すると、ネガティブなストレス（関わりたくないヒト・モノ・コト）を減らすことができますが、ポジティブなストレス（自己成長機会）も減ってしまう可能性がある。
自分自身が楽で快適＝自分と同じ考えを持つ人しかいない状況は、近い未来は幸せです。でも、「周囲5人」や環境も成長していくので、遠い未来ではマイコンフォートゾーンが縮小してしまいます。「内向的だから多くの人と関わると疲れる」なんて言わずに、ストレッチゾーンを広げてくれる人々と関わりを持っていくことが、独立した者の心得として大事だなと思いました。

チャンスが来たらちゃんと打席に立ち、ストレッチゾーンにもコンタクトしていくことで、気づけば自己成長して「周囲5人」が入れ替わっていく気がします。

近い未来、遠い未来、あなたにはどんな「周囲5人」がいそうですか？　ストレッチゾーンにアクセスしていますか？

やりたいことの山を登る「仲間」の見つけ方

ある程度、興味のある仕事をいろいろとやっていくと、「そろそろ1人では無理だ」と思う日が来ます。やっていることの量や規模が拡大してきて、1人でできるキャパを超えてくるのです。ここからは、そんなときにどうするのか、具体的には**「仲間をどう集めるのか？」**についてお伝えします。

私と同年代の子持ち30〜40代女性は、日々の生活に追われていて、自分をいたわる習慣を忘れがちです。洗顔や基礎スキンケアで精一杯、産後に大事だといわれていた、「骨盤底筋群周りのケア」は、もはやいずこへ。

そこで、私は2022年、フェムケア製品（母と子のスキンケアブランド「soin（ソワン）」）をつくって販売しました。「膣周りを洗う、オイルを塗る」といったセルフケア用の製品を開発したのです。毎日のケア習慣で、自分を大事にする「自己肯定感」、未来の自分に向けて行動する「自己効力感」を育てる。そういった商品を「私がほしい！」と思い、考案しました。

ビジネス的な観点からの動機もありました。オンラインヨガもスタジオヨガもフロービジネス（自分が倒れたらストップする）ですが、物販はストックビジネス（自分が倒れても続く）です。違う種類の自分業をつくりたかったのです。

具体的にどんなことをしたかというと、OEM会社にモノをつくってもらい、デザインやロゴを決めて、ECサイトをつくり、物流の契約をして販売するという流れです。書くと2行で済むのですが、実際は企画から販売開始までに1年以上の時間がかかりました。

「やりたい」気持ちだけでは頓挫する現実

なかなか進まなかった理由は、私のリソース（時間、思考力、調べたり問い合わせたりの実務時間）がなかったからです。

当時は、週3回のオンラインヨガ＋スタジオヨガのレッスン、note執筆月4本、書籍やその他の原稿執筆、毎日のVoicy収録、大学院受験勉強や、新築RCプロジェクト（不動産関連）の事務や金融機関の書類手配……。ここに、製品開発のための「調べる、探す、交渉する」を入れる余地が全然なかった……。

そこでようやく、「1人では無理だ！」と悟りました（遅い）。私の意図を理解してくれて（ここ大事）、細かい業務を一緒に進行してくれる人、一緒につくり上げてくれる人を探すことにしました。

まずは「風呂敷畳み人」を探せ

私の意図を理解したうえで実務の窓口を担ってくれる人とは、いわば「風呂敷畳み人」です。**「風呂敷畳み人」とは、「広げ人」（アイデアを出す、風呂敷を広げる人）が出した仕事のアイデアを実行可能な状態になるよう設計し、着実に実行に移す人を指します。**私はVoicyの「畳み人ラジオ」で、この言葉を知りました。

当時、私がハブとなっているワーママ・ワーパパのコミュニティ「はろこみ」には

1000人近くのワーキングマザー・ファザーがいて、さまざまなイベントが開催されたり、プロジェクトが進行したりしていました。それらにまつわるいろいろな人のアウトプットを見ているだけで、どんな能力やスキルがあるか、人となりはどうか、多くの気づきがありました。

「私がやってほしいことを理解して、進めてくれそうな実務能力に長けている人は？ 抽象度の高い話をしても、理解して具体化する力のある人はいるだろうか？」（コミュニティに参加している人は、こんな目線で仲間を探す、仲間に選ばれる可能性を考えると、参画の仕方が変わるかもしれませんよ）

新規で探すよりも、コミュニティ内でプロジェクトを共にした人のほうが相互理解が早く、期待値のブレも少ない。アンテナをビビビと立てながら観察した結果、「これは！」という人を見つけて「私とモノづくりをしない？」と、お誘いしてみました。

アイデアがあり、やりたいことはあるが時間がない、実務が苦手という人は、まずは「風呂敷畳み人」を見つけましょう。……なんて簡単に言うけど、実際はなかなか見つけるのが難しいですよね。

特にオンライン上で探すのは難しい。お互いの背景がわからず、意思疎通が困難だったり、期待値が想像以上にずれていたりするので、「ネットという大海で風呂敷畳み人を探すのは難しい！」という印象があります。

では、どうするか？　オンラインコミュニティやリアルな関わりなど、実際に手足を動かす場所で出会うほうが確実です（オンラインは場所に縛られないから、いろいろな人に会える）。

私がサバティカルタイムの2年間でお仕事（ヨガのHP、note編集、デザイン関係など）を頼んできた方のほとんどが、オンラインで出会い、別の仕事をしているのを見て「私もお願いしていい？」のパターンです。

オンラインコミュニティに参加して、代表者ではなく参加者を観察する。可能なら、自分もコミュニティ内のイベントやプロジェクトに参画してみる。

結局はオンラインでもリアルの世界でも、自分と感覚の合う人は「一緒に仕事や作業をした人の中から」が一番見つけやすいです。

将来的に自分業を育てたいと思っている人は、**本業以外の場で、受け身ではなく少し能動的に動いてみると、いろいろな縁がつながり、「風呂敷畳み人」に出会いやすくなると思います。**「風呂敷畳み人」を探す必要があるときに、参考にしてみてください。

「40歳の壁」と向き合った2年間で起きた変化

2020年4月に退社して、サバティカルタイム（使途用途を決めない休暇・自分業をつくる）に入ってから、早いもので2022年3月で2年になりました。「40歳の壁」を、触ったりよじ登ったりかじったり、試行錯誤の日々でした。

「人間が変わる方法は3つしかない。1番目は時間配分を変える。2番目は住む場所を変える。3番目は付き合う人を変える。この3つの要素でしか人間は変わらない」と大前研一さん（経営コンサルタント・起業家）が言っていますが、サバティカルタイムはこの3つを兼ね備えています（住む場所は変わらなくても過ごす場所が変わる）。そのため、たった2年で私の人生は大きく変わってしまいました。

私がしてきたように、会社を辞めたり、サバティカルタイムを取ったりするのは無理！

という人もいるでしょう。**そんな人は10年くらいかけて、自分業をつくることを意識しつつ、①時間、②過ごす場所、③付き合う人を変えてみてはいかがでしょうか？**

たとえば、毎週土日の3時間を、プチサバティカルタイムにしてみる、毎日30分でも良いと思います（私も、独立するまでの2年間は、毎日1時間〜1時間半、自分業につながる試行錯誤をしていました）。一番大事なのは、「やってみる」、それだけです。

私は2022年春に大学院に進学し、サバティカルタイムは一旦終了しました。「40歳の壁」が消えたわけではありませんが、2年前より「壁」の存在を感じないことが増えています。気づいたらスルッと抜けていて「そんな時期もあったよね」と言っている日が来そうです。

そこで、記憶が新しいうちにフルタイム会社員時（Before）と、サバティカルタイムに入ってから（After）でどんな変化があったかを、「自分業」＋「お金」「つながり」「健康」の切り口でまとめておきます。

自分業の変化

【Before：フルタイム会社員時】

会社員時代は、フルタイム勤務のワンオペ育児（子どもの保育園送迎から寝かしつけまで1人でやる）だったので、常に時間に追われている感じでした。仕事も正直「満足いくまでやれた！」と達成感を感じるほどはできていなかったと、今になって思います（当時は、そこまで考えられないくらい必死だった）。

●1日のスケジュール
6時起床→家事育児→保育園→8時出社→18時退社→保育園→19時帰宅→家事・育児→21時子ども就寝→23時就寝

さっさと寝ればいいのに、寝る前に飲酒して本やPCを開く……。リベンジ夜更かし（日中のストレスを発散しようと、睡眠時間を削って何かをする）も何度もしていました。土日や長期休みに疲れをリセットして、平日は全力で走るという仕事のスタイルになっていました。

【After：サバティカルタイム】

自分業をつくるべく模索だったので、文章を書いたり、ヨガを教えたり、新しいサービスを考えたり、その打ち合わせをしたり、必要な情報を調べたり、Voicyを録ったり。それらもすべて「仕事」と見なせば、実は会社員のときよりもトータルの仕事時間は長くなっていきました。

●1日のスケジュール

4〜5時：起床（オンライン「毎朝の瞑想ヨガ」を始めて早くなる）→6時：仕事もしくは走る→家事・育児→保育園→8時：仕事（物書き）やヨガスタジオ→16時過ぎ：長男小学校から帰宅（話を聞く）→17時：保育園（30分散歩）→家事・育児→21時：子どもと就寝

仕事時間が増えても、次のことができるようになったので、時間に対するストレス（「保育園のお迎えに間に合わない！」と焦りながら会社を出たり、子どもの急な休みに慌ててシッターさんを探したり）は激減しました。

- 「何時から何時まで会社にいる必要がある」などの身体拘束がゼロ。

- 仕事の合間に家事ができる（できなかったら夜やるなど）。

- スケジュールを自分でコントロール可能（締め切りや打ち合わせなど）。

- 仕事、家庭と区切らずに活動できる（散歩はアイデア出し時間、習い事送迎の車でVoicy録音など）。

サバティカルタイムに入って、自分に時間や仕事の量・内容へのコントロール権があることの価値を感じました。**「40歳の壁」にまつわるモヤモヤは、このコントロール権のなさから発生していたのかもと、気づくこともしばしば。**

ただ、コントロール権があるということは、自由＝責任と結果を、すべて自分が引き受けるということでもあります。自分業がうまく立ち上がらないと、最初はけっこう大変ですよね。私の場合はサバティカルタイムの2年間で一気に体験しましたが、人によってはこれを5年、10年単位で考えて、行動していくのもありです。

お金の変化

サバティカルタイムは「休暇」ですので、どこからか給与が出るわけではありません。自分で何か仕事をして稼ぐか、預金を切り崩します。

私が会社を辞めた当初は、Voicyのプレミアム放送もなく（無料放送のみ）、オンラインヨガもなく、収入源はnoteマガジン（ひと月に十数万円）くらいでした。

【Before：フルタイム会社員時】

・収入……手取り給与+ボーナス

・支出……（わが家は夫婦別会計で、それぞれ受け持つ費用が違う）食費、子ども費、保育料（9万円弱、重い）、通信費、書籍費、習い事費、スーツや毎日の付き合いランチなど会社員としての費用

【After：サバティカルタイム】

・収入……ヨガ、書籍、原稿、Voicy、noteなど
・支出……食費、子ども費、保育料（年少になり激減）、通信費

会社員時代に用意した「サバティカルタイム用の軍資金」（という名の自分預金）がなくなったらサバティカルタイム終了、それまでは試行錯誤すると決めていました。

当初は不安のあった収入ですが、個人事業主＋法人になり、会社員時代は自分で出していた書籍やガジェット（PCやカメラなど）の購入費、ヨガ関連費（ウェアや研修）は全部経費になりました（第4章参照）。そのため、**会社員時代は趣味として使っていたお金をほとんど使わなくなりました（ヨガ関連費、書籍代など）。**ランチもほぼ家で食べるので、会社員の頃より費用が激減（ついでにやせた）。カフェで仕事をしても、作業費として経費になります。

好きなことに多くのお金を払っている人は、「これを仕事にできないか？」という視点で「自分業をする」ことを考えてみると、お金に対する新たな見方ができると思います。

つながりの変化

まずは家族にまつわる変化から。現在は、大体朝5時に起きて仕事、夕方16〜17時には仕事を終えるようにしています。そのため、子どもたちが帰宅次第、ゆっくり話したり、宿題を見たり、習い事の送迎もできるようになり、子どもと関わる時間は増えました。夫婦関係は、私が独立したことで、「子育ての壁」でもめることは減りました。

【Before：フルタイム会社員時】

・子どもや夫と関わる時間（平日）……朝1時間＋19時帰宅から21時就寝までの2時間＝3時間

・夕方はこちらも疲れているし、幼児特有のイヤイヤ（特に長男5歳・次男1歳の2人保育園時代）もあって、「早く寝てほしい」一心だった。夫は21時を過ぎないと帰宅しないため、平日の会話は記憶にない。

【After：サバティカルタイム】

・子どもと関わる時間（平日）↓朝1時間＋16時長男帰宅から21時就寝までの5時間＝6時間

・時間に追われるイライラは減る。社外の人と仕事をするようになり、子育てに対する見方も変わった。コロナ以降、夫の働き方も少し変わり、家族で夕飯を取る日も増えた。

夫婦関係は、私の働き方が変わったことで、実は、新たな「石」が出現しています。人生なんでもかんでもうまくはいきません（笑）。

夫婦共に長時間勤務であれば、子どもの発熱時のお迎えやスケジュール調整も、お互い痛みを感じながら相手にお願いすることになります（「（俺はできないが）君が会社に頭を下げていることは理解している」というように）。

ところが、私が独立して時間の都合がつくようになったため、「時間拘束されていないし、対応できるでしょう？」と、**子どもの習い事の送迎や突発的な発熱の対応など、「私がやることが当たり前」になってきたのです。**「家にいるのだから、君が対応して当たり前」

の夫の姿勢に「モヤ」はあります（正直）。

この一点だけを見ると、夫婦の間に「石」がどんどん積み上がっていきそうですよね。しかし、私が働き方を変えて時々土日に仕事が入るようになり、そういったときは、夫が子どもと外出したり、キャンプへ行ったりするようになりました（これまでは保育園やシッター対応だった）。

私はこれまで、夫婦の間の「石」を「どうやったらすぐに取り除けるか？」ばかりに目が向いていたのですが、できてしまった「石」が別の出来事で相殺されていることもあるのではないか、と少しずつ視点が変わってきました。

たとえば、「病児の対応をする・しない」で見れば、それが偏ると、夫婦の間に不公平という「石」になって残ります。しかし、すぐに戦わない。視野を広げて観察する。すると、夫がほかの役割（キャンプへ行くなど）をしているなと気づいて、「まぁ、お互いさまか」と思えるようになったのです。

なぜそう思えるようになったのか？と考えると、やはり、**「夫婦関係の壁」をモラトリ**

アムとして見られるようになったから、働き方を変えて、思考の余裕が出てきたからだと思います。

次は、私を取り巻く人間関係の変化です。会社員時代と比べて、私が「夢と勇気」を持ってチャレンジできているのは、「人間関係が多様になった」「つながりが増えた」この2点のおかげです。「あなただからできるのだ」と言われることがあるのですが、そうではなく、できている人を見る機会が増え、「私もできるかも」と行動に弾みがつくようになってきたからです。

【Before：フルタイム会社員時】

・周りは95%が会社員（社内の人がほとんど）。
・ヨガのレッスン受講時しか、多様な働き方をしている人が周りにいない。
・転勤5回で、人間関係がブツ切れになっていた。

【After：サバティカルタイム】

・周りから会社員が減り、起業、経営、副業、複業、パート、専業主婦、フリーランスなど、多様な働き方や仕事を持つ人が増えた。
・2022年春から大学院に進学し、さらに周囲の人間関係が変わった。
・オンラインから始まる付き合い（コミュニティや仕事など）は、本音が言いやすく、場所を越えて一生付き合えるような友人もできた。

自分の行動の弾みをつけるのに必要なのは、小さな勇気です。周りに実際にやっている人が誰もいないと、不安しかなく、「やめておくか」となりがちです。しかし、周りにいろいろなチャレンジをしている人が増え、彼らとつながりを持つと「やってみるか」となるんですよね。

私の人間関係の変化は、オンラインによる影響が多いです。私はこれまでワーキングマザーのモヤモヤや解決法、思考法を発信してきました。そこからつながってくれた方の多くは、私の本音をすでに知ってくれている人たち。そのため、「こんな話していいのかな」

なんて気にせずとも、一気に仲が深まる人が多くいました。しかし、これがリアルの場所から始まっていたら、関係構築が難しかったと思うのです。それが、できるようになった。これは私にとっては、大きな出来事でした。

健康の変化

では最後に、「40歳の壁」だけでなく、人生100年時代にも響いてくる、身体面・精神面の健康変化を見てみます。

【Before：フルタイム会社員時】

・趣味のヨガは、週1回（時間が取れない）。
・お付き合いのランチや外食もあり。
・睡眠時間は平均5〜6時間。
・みんな似たような属性なので、小さな差に敏感だった（と、今だから思う）。

【After：サバティカルタイム】

・ヨガを仕事にして週４回以上のレッスン。仕事時間を調整し、毎日４km走る。
・昼食が自炊メインになったため、体重が減り、その後も増えない。
・睡眠時間は平均7～8時間（仕事の終了を16時にして、就寝時間も早くなった）。
・スーツを着なくなったので、ストッキングが不要。足元が冷えない（冷え性改善）。
・人間関係の多様化に伴い、細かいことが気にならなくなった。

身体面は、確実にAfterのほうが良くなりました。「よく動き、よく寝て、よく食べる（ここでは栄養の良い食材）」を実践すれば、そりゃ誰でも良くなります。では、何がネックだったのか？　やはり場所や時間が固定されている仕事をしていたせいで、無自覚のうちに毎日の「動く・寝る・食べる」をついおろそかにしていたんですよね。

次は精神面。これまでは、周囲に似た属性の人が多く、些末なこと（子どもの教育、出世、自宅の購入、貯金、持っている装飾品など）を気にする、気にされている場面が多かったのですが、そういったことがまったく気にならなくなりました。自分業を持ったことで「人は人、私は私」と考えられるようになり、周りにもそういった考えの人が増えていきました。

ここまで「自分業」+「お金」「つながり」「健康」の変化をまとめてきましたが、一番大きく変化したのは、自分の価値観でした。24時間の中で長く時間を使っている仕事に対して、「裁量権を持つ（自分業を持つ）」と、こんなに見え方が変わるのかと、変化した自分に私自身が驚いています。

小さな行動が人生を大きく変える

私はこれまで、時間がないから、お金がないから、子どもがいるから、生活があるから、会社を辞められないから「○○はできない」と、いろいろなことに無意識にブレーキをかけていました。30代で出産後、復職したときに感じた「あれ？　なんかこのまま働き続けるのってきつくない？」というサインも無視していました。がんばれば、どうにかなったからです。

新たな選択に向けて行動をしなかったのは、失敗したくなかったから。失敗をカバーするだけの時間、お金、選択肢の自由がないと思っていたから。そうやって日々を駆け抜けているときに、ふと現れたのが「40歳の壁」でした。

壁がぬっと前にある気配はあるものの、得体が知れないからモヤモヤする。手にいろいろなモノ（価値観・不安・がんばり）をたくさん持っているので、壁をうまくよじ登ることもできない。黙って見ていたら、いつか壁は移動するかもしれないけれど、これからの人生で、また似たような壁が現れそう。そう思い、仕方がないので行動してみることにしました。

子どもが寝静まった夜、キッチンの横でPCを開き、「会社の肩書きを外し、母や妻という役割を1回横に置いて、このモヤモヤを解決するにはどうしたらいいか」と、情報を集め始めたことから、私の人生は少しずつ自分の望むほうへシフトされていったと考えています。

皆さんはいかがですか？ 「40歳の壁」、感じていますか？ 越えるために、何か行動していますか？

変化とは、小さな行動から始まります。それがいつしか雪だるまが転がるように大きな力となって、気づいたら「40歳の壁」をスルッと越えられるのだと思います。試行錯誤した経験は、今後の人生で別の「壁」に出会ったときにも、必ず私たちの力となり、助けてくれるはずです。

まずは、小さな行動でいい。今と違うことを1つ、始めてみてください。

おわりに　「40歳の壁」にぶつかっているあなたへ

4年前は、自分が会社を辞めるなんて夢にも思っていませんでした。しかし、先日、2018年の手帳を見返していたら、こんな文章が書いてありました。

「2020年4月、新しいことを始める」

当時の私は、第二子育休明け、1歳クラスの次男と、小学校入学直前の年長の長男を抱えて、毎日を走り抜けていました。フルタイム勤務で復帰、毎日時間に追われている。でも、充実してないわけではない。ただ、このまま、女性登用の波に乗って、もっと上のポジションを目指すのか、子どもの成長に合わせて仕事を調整するのか、キャリアと家庭のバランスに迷いに迷っている時期でした。まさに「40歳の壁」です。

毎年、1年のはじめに書いている「やりたいこと100リスト」。2018年の手帳にも、現実的なことやかなう予定も見えない抽象度が高いことがつづられています。そんなごちゃ混ぜの中に、少しだけ違和感をまとって存在する

「2020年4月、新しいことを始める」

という一文。これはきっと、当時の私の頭のどこかに「本当にこのままでいいのか？」という小さなサインが出ていたのだと、今ならわかります。そのサインに導かれたのか、アンテナが立ったのか、そこから試行錯誤しながら行動してきたら、いつの間にか壁をスルッと抜けていた、壁の存在が小さくなったように現在は感じています。

この本は、2022年5月にキンドル出版した『サバティカルタイム「40歳の壁」を越える戦略的休暇のすすめ』が元になった1冊です。たくさんの方に読んでいただき、「これはぜひ電子書籍だけでなく、同じようなモヤモヤを感じている人に届けたい」と思いました。そこで、半分以上の内容を加筆修正し、でき上がったのがこの本です。

今回の書籍化にあたり、キンドル版出版時から最後まで伴走くださった「かくたす編集部」の蓮見紗穂さん、商業出版本として出すべく奔走くださったディスカヴァーの榎本明日香さん。私を含めて3人ともアラフォーのワーキングマザー。お2人が「40歳の壁、わかるわかるよ」と言いながら、原稿を読み込んでくださったことに本当に感謝しています。

この本に書いてあることは、私ひとりの夢物語ではありません。周りを見渡すと、同じようにアラフォー前後で「生き方やあり方」を模索し、働き方を変えていった人たちがいます。

著名人でいうと、女優のいとうまい子さんは、40代で大学に入学し、ロボット工学専攻から研究者の道を歩まれています。俳優の坂口憲二さんはコーヒー焙煎士へ、中田敦彦さんは吉本興業を退社してユーチューバーへ、主婦だった川上弘美さんは小説家へとキャリアを転向しています。

私の周りにも、教師からヨガインストラクター、会社員から夫婦で古民家民宿経営者、消防士から不動産賃貸業へと転向した人たちがいます。彼らは、いきなり40代になってキャリアをチェンジしたわけではありません。アラフォー前後で、メインの仕事と並行して自分業を育てていき、シフトしていった人ばかりです。探せばもっと多くの人がいることでしょう。

彼らと私たち、何か大きな違いがあると思いますか？　いいえ、きっとありません。彼らも「40歳の壁」を前に立ち止まり、自分のキャリアや将来の不安に悩み、「子育ての壁」「夫婦関係の壁」にも右往左往したはずです。彼らも、あなたも、私も、みんな同じなのです。

4年前の私へ。

第二のワーママ暗黒時代から「40歳の壁」に、そろそろ気づいた頃ですか？　違和感はあるのだけれど、うまく言葉にできず戸惑っていませんか。

今の状況は、親になったのだから、子育て中で仕事をセーブしてるのだから、自分が選んできた道だから、「こういうものだ」と言い聞かせていませんか。

このまま、気づかないふりをして日常を過ごしていくこともできます。でも、少しでも、その違和感を大事にする気持ちがあるなら、思考停止せずに、今の状況がどこからきているのか考えてみてください。どうやったらその違和感を脱することができるのか考えたら、まずは小さなことから動いてみてください。

そうすれば、あなたは必ず4年後、今とは違う場所にいるから。

私の「40歳の壁」と向き合った経験が、この本でつながったあなたのお役に立てば幸いです。そっと、私からのバトンをここに置きますので、次はあなたが受け取って「40歳の壁」と向かい合ってみてください。スルッと越えたその先で、お互い笑顔でお会いしましょう。では、またどこかで。

2022年11月　尾石　晴

携書版に寄せて

この携書の元となった本が出版されたのが2022年12月で、あれから約2年が経過しました（2024年11月現在）。皆さんは、いかがお過ごしでしょうか。

私はこの2年間で、大学院修士課程を無事に修了し、この春には博士課程に進学しました。この年齢になって「能動的に学ぶこと」のおもしろさがやっとわかってきたのも、ひとえに、40歳の壁に向き合い、自分の生き方と働き方を見直したからだと感じています。「なんだ、順調じゃん！」と思われるかもしれませんが、毎日の生活は、小学生2人の息子がいるため、家事・育児・仕事に加え学生としての役割も抱え、慌ただしく過ごしています。

忙しさの観点では、40歳の壁と向き合う前と変わりませんが、この壁に向き合ったことで「すべてを自分で選んだ」「自分で変えてきた」という自己効力感が育ち、以前より少しずつ生きやすくなったと実感しています。

2024年6月に、『パーティーが終わって、中年が始まる』という本（pha著、幻冬舎刊）が書店に並んでいました。このタイトルを見るだけで、胸に突き刺さるものがありました。中年期にさしかかった人々が感じる喪失感や寂しさ、将来に対する戸惑いを如実に表現していたからです。同じように感じた同年代の方、仲間です。手前味噌ですが、本書はそんな戸惑いを感じているミドルエイジが再び歩みを進めるために、その喪失感の「正体」に触れるヒントを提供できたのではないかと考えています。

40歳の壁は、私たちが中年期にさしかかった時に、人生を見直す大きなチャンスとして現れるものです。これからの人生をどう生きるか、どんな働き方を選ぶか、何を大事に、何のために生きるのか（アンパンマンのように）。こうした問いを、多忙な日常の中で考える暇もなかった私たちに、今一度投げかけてくるのが、この壁の存在なのです。そこで生き方を変え、働き方を見直し、自分の価値観を深く考え直すことで、次の行動が生まれます。私のように、自主的にサバティカルタイムを取って働き方そのものを変える人もいれば、会社の中でより主体的に働く決意を固める人もいるでしょう。

いずれにせよ、今後の人生をどう生きるかと考えた時に、「お金・つながり・健康」というファクターを外すことはできません。これがないと、なかなか幸せな人生を送れないからです。このように考えて、もう一度「自分の仕事は、お金・つながり・健康の三要素を満たす自分業になっているか？」という問いを持って壁に向き合えば、あなたなりの答えを見つけられるかもしれません。

わが家の変化について一つ。私が40歳の壁に向き合い、自分業を育てていったことで、あれだけ仕事人間だった夫にも、生き方の変化が表れてきました。夫も私より少し遅れて、40歳の壁や、健康の壁にぶち当たっていました。彼なりに悩んだ結果、現在はサバティカルタイムを取得中です（詳しくは、最新刊『からまる毎日のほぐし方』〔扶桑社刊〕をご覧ください）。

かつては、夫婦2人とも、お互いの働き方、生き方を見直すという考えすら浮かばず、家事・育児・仕事に奔走していました。余裕がないがゆえに、「私ばっかり！」という、相手を責める気持ちを持っていた苦い過去が思い出されます。しかし、私がちゃんと自分の壁と向き合い、壁を越えるための試行錯誤をしたことが、身近なロールモデルとなり、それを横で見ていた夫にも変化をもたらしたようです。妻が変われば、夫も変わる。夫婦が変われば家族も変わる。いまは、家庭全体の雰囲気が柔らかくなったように感じています。

これからの人生、まだ見ぬ壁がいくつも立ちはだかることでしょう。しかし、それらの壁は、すべて私たちにとっての新たなチャンス。40歳の壁を越えつつある今、「壁」というものは私たちの行く手を阻む障害ではなく、むしろ立ち止まって自分を見つめ直すための大切な存在だったのだと心から感じています。そして、この本が、同じような壁に悩む人々にとっての一つの指針となり、次の一歩を踏み出すきっかけになれば幸いです。最後までお付き合いくださりありがとうございました。では、またどこかで。

２０２４年11月　尾石　晴

購入者限定特典

本書にあるワークシートがダウンロードできる特典をご用意しています。ぜひプリントアウトしてワークにご利用ください。

ID　discover3112

パスワード　kabe

https://d21.co.jp/formitem/

参考文献

『ミッドライフ・クライシス』 鎌田 實（青春出版社）
『アイデンティティ：青年と危機』 エリク・H・エリクソン（著)、中島 由恵（翻訳）（新曜社）
『完訳 7つの習慣　人格主義の回復』 スティーブン・R・コヴィー（著)、フランクリン・コヴィー・ジャパン（翻訳）（キングベアー出版）
『ケインズ 説得論集』 ジョン・メイナード・ケインズ（著)、山岡 洋一（翻訳）（日経BP）
『LIFE SHIFT（ライフ・シフト）―100年時代の人生戦略』 リンダ・グラットン、アンドリュー・スコット（著)、池村 千秋（翻訳）（東洋経済新報社）
『LIFE SHIFT2（ライフ・シフト2）―100年時代の行動戦略』 アンドリュー・スコット、リンダ・グラットン（著)、池村 千秋（翻訳）（東洋経済新報社）
『LIFE DESIGN　スタンフォード式 最高の人生設計』 ビル・バーネット、デイヴ・エヴァンス（著)、千葉 敏生（翻訳）（早川書房）
『幸福の「資本」論―あなたの未来を決める「3つの資本」と「8つの人生パターン」』 橘 玲（ダイヤモンド社）
『友達の数は何人?―ダンバー数とつながりの進化心理学』 ロビン・ダンバー（著)、藤井 留美（翻訳）（インターシフト）
『人生の100のリスト』 ロバート・ハリス（講談社）
『自動的に夢がかなっていくブレイン・プログラミング』 アラン・ピーズ、バーバラ・ピーズ（著)、市中 芳江（翻訳）（サンマーク出版）
『ジョハリの窓―人間関係がよくなる心の法則』 久瑠 あさ美（朝日出版社）
『ブランディングの科学　誰も知らないマーケティングの法則11』 バイロン・シャープ（著)、前平 謙二（翻訳)、加藤 巧（監訳）（朝日新聞出版）
『やめる時間術』 尾石 晴（実業之日本社）
『誰も教えてくれなかった金持ちになるための濃ゆい理論』 上念 司（扶桑社）
『自分の会社をつくるということ』 経沢 香保子（ダイヤモンド社）
『社員ゼロ！　きちんと稼げる「1人会社」のはじめ方』 山本 憲明（明日香出版社）
『普通のサラリーマンでもすごいチームと始められる　レバレッジ起業―「バーチャル社員」があなたを救う』 持田 卓臣（KADOKAWA）
『早く正しく決める技術』 出口 治明（日本実業出版社）
『「畳み人」という選択―「本当にやりたいこと」ができるようになる働き方の教科書』 設楽 悠介（プレジデント社）
『サバティカルタイム「40歳の壁」を越える戦略的休暇のすすめ』 尾石 晴（Kindle）

ディスカヴァー携書 255

「40歳の壁」を越える人生戦略
一生「お金・つながり・健康」を維持できるキャリアデザイン

発行日　2024年12月25日　第1刷
　　　　2025年 2 月21日　第3刷

Author　尾石 晴
Illustrator　芦野公平
Book Designer　上坊菜々子

Publication　株式会社ディスカヴァー・トゥエンティワン
〒102-0093　東京都千代田区平河町2-16-1 平河町森タワー11F
TEL　03-3237-8321（代表）　03-3237-8345（営業）
FAX　03-3237-8323
https://d21.co.jp/

Publisher　谷口奈緒美
Editor　榎本明日香（編集協力：蓮見紗穂）

Store Sales Company　佐藤昌幸　蛯原昇　古矢薫　磯部隆　北野風生　松ノ下直輝　山田諭志　鈴木雄大　小山怜那　藤井多穂子　町田加奈子

Online Store Company　飯田智樹　庄司知世　杉田彰子　森谷真一　青木翔平　阿知波淳平　大﨑双葉　近江花渚　徳間凜太郎　廣内悠理　三輪真也　八木眸　安室舜介　古川菜津子　高原未来子　千葉潤子　川西未恵　金野美穂　松浦麻恵

Publishing Company　大山聡子　大竹朝子　藤田浩芳　三谷祐一　千葉正幸　中島俊平　伊東佑真　榎本明日香　大田原恵美　小石亜季　舘瑞恵　西川なつか　野﨑竜海　野中保奈美　野村美空　橋本莉奈　林秀樹　原典宏　村尾純司　元木優子　安永姫菜　浅野目七重　厚見アレックス太郎　神日登美　小林亜由美　陳玟萱　波塚みなみ　林佳菜

Digital Solution Company　小野航平　馮東平　宇賀神実　津野主揮　林秀規

Headquarters　川島理　小関勝則　田中亜紀　山中麻吏　井上竜之介　奥田千晶　小田木もも　佐藤淳基　福永友紀　俵敬子　三上和雄　石橋佐知子　伊藤香　伊藤由美　鈴木洋子　照島さくら　福田章平　藤井かおり　丸山香織

Proofreader　文字工房燦光
DTP　株式会社RUHIA
Printing　中央精版印刷株式会社

ISBN978-4-7993-3112-5
“YONJUSSAI NO KABE” WO KOERU JINSEI SENRYAKU by Haru Oishi

携書ロゴ：長坂勇司
携書フォーマット：石間　淳